BILINGUAL
VISUAL
DICTIONARY

BILINGUAL
VISUAL
DICTIONARY

Penguin
Random
House

FIRST EDITION
Senior Editors Angeles Gavira, Angela Wilkes
Senior Art Editor Ina Stradins
Designed for DK by WaltonCreative.com
Language content for DK by g-and-w publishing

REVISED EDITION

DK LONDON

Senior Editor Christine Stroyan
Project Editor Sophie Adam
Designer Thomas Keenes
Managing Editor Carine Tracanelli
Managing Art Editor Anna Hall
Senior Production Controllers Poppy David, Meskerem Berhane
Senior Jacket Designer Surabhi Wadhwa Gandhi
Jacket Design Development Manager Sophia MTT
Translations by Andiamo! Language Services Ltd
Art Editor Karen Self
Associate Publishing Director Liz Wheeler
Publishing Director Jonathan Metcalf

DK INDIA

Editor Alka Thakur-Hazarika
Desk Editors Pankhoori Sinha, Joicy John
DTP Designers Anurag Trivedi, Rakesh Sharma
Assistant Picture Researchers Geetam Biswas, Shubhdeep Kaur
Senior Art Editor Vikas Chauhan
Managing Editor Saloni Singh
Managing Art Editor Govind Mittal
DTP Coordinator Tarun Sharma
Preproduction Manager Balwant Singh
Senior Jacket Coordinator Priyanka Sharma Saddi

DK US

US Proofreader Chuck Hutchinson
US Executive Editor Lori Cates Hand

This American Edition, 2024
First American Edition, 2005
Published in the United States by DK Publishing,
a division of Penguin Random House LLC
1745 Broadway, 20th Floor, New York, NY 10019

ISBN: 978-0-7440-9791-7

**The corresponding free audio is available for a period of at least
5 years from publication of this edition.**

Printed and bound in China

www.dk.com

Inhalt
contents

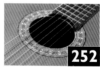

INHALT • CONTENTS

deutsch • english

auswärts essen
eating out

das Lernen • study

die Arbeit • work

der Verkehr
transportation

der Sport • sports

die Freizeit • leisure

die Umwelt
environment

die Information
reference

über das Wörterbuch

Bilder helfen erwiesenermaßen, Informationen zu verstehen und zu behalten. Dieses zweisprachige Wörterbuch enthält eine Fülle von Illustrationen und präsentiert gleichzeitig ein umfangreiches aktuelles Vokabular in zwei europäischen Sprachen.

Das Wörterbuch ist thematisch gegliedert und behandelt eingehend die meisten Bereiche des heutigen Alltags.

Dies ist ein wichtiges Nachschlagewerk für jeden, der sich für Sprachen interessiert—es ist praktisch, anregend und leicht zu benutzen.

Einige Anmerkungen

Die zwei Sprachen werden immer in der gleichen Reihenfolge aufgeführt— Deutsch und Englisch.

Im Wörterbuch wird vor jedem Substantiv der bestimmte Artikel angegeben (der, die, das).

In der deutschen Sprache sind Substantive maskulin, feminin oder neutral. "Der" wird für maskuline Substantive verwendet, "die" für feminine und für das Plural, und "das" für neutrale Substantive.

der Samen	das Brot
seed	bread

die Schwester	die Mandeln
sister	almonds

Adjektive und Begriffe für Personen und Berufe sind mit einem *m* für maskulin oder einem *f* für feminin gekennzeichnet.

der Anwalt *m*
die Anwältin *f*
lawyer

Die Verben sind durch ein (v) nach dem englischen Wort gekennzeichnet:

ernten | harvest (v)

Am Ende des Buchs befinden sich Register für jede Sprache. Sie können dort ein Wort in einer der zwei Sprachen und die jeweilige Seitenzahl nachsehen. Die Geschlechtsangabe erfolgt mit *m*, *f* und *n* (für neutral).

die Benutzung des Buchs

Ganz gleich, ob Sie eine Sprache aus Geschäftsgründen, zum Vergnügen oder als Vorbereitung für einen Auslandsurlaub lernen, oder Ihr Vokabular in einer Ihnen bereits vertrauten Sprache erweitern möchten, dieses Wörterbuch ist ein wertvolles Lernmittel, das Sie auf vielfältige Art und Weise benutzen können.

Wenn Sie eine neue Sprache lernen, achten Sie auf Wörter, die in verschiedenen Sprachen ähnlich sind sowie auf falsche Freunde (Wörter, die ähnlich aussehen aber wesentlich andere Bedeutungen haben). Sie können ebenfalls feststellen, wie Sprachen einander beeinflusst haben. Englisch hat zum Beispiel viele Ausdrücke für Nahrungsmittel aus anderen europäischen Sprachen übernommen und andererseits viele Begriffe aus der Technik und Popkultur ausgeführt.

Praktische Übungen

• Versuchen Sie sich zu Hause, am Arbeits- oder Studienplatz den Inhalt der Seiten einzuprägen, die Ihre Umgebung behandeln. Schließen Sie dann das Buch und prüfen Sie, wie viele Gegenstände Sie in den anderen Sprachen sagen können.
• Schreiben Sie eine Geschichte, einen Brief oder Dialog und benutzen Sie dabei möglichst viele Ausdrücke von einer bestimmten Seite des Wörterbuchs. Dies ist eine gute Methode, sich das Vokabular und die Schreibweise einzuprägen. Sie können mit kurzen Sätzen von zwei bis drei Worten anfangen und dann nach und nach längere Texte schreiben.
• Wenn Sie ein visuelles Gedächtnis haben, können Sie Gegenstände aus dem Buch abzeichnen oder abpausen. Schließen Sie dann das Buch und schreiben Sie die passenden Wörter unter die Bilder.
• Wenn Sie mehr Sicherheit haben, können Sie Wörter aus einem der Fremdsprachenregister aussuchen und deren Bedeutung aufschreiben, bevor Sie auf der entsprechenden Seite nachsehen.

Kostenlose Audio-App

Die Audio-App enthält alle Begriffe und Redewendungen aus dem Buch, gesprochen von deutschen und englischen Muttersprachlern. Das Anhören der Wörter erleichtert das Lernen von wichtigen Vokabeln Audio ist auch für alle anderen Bücher der Reihe verfügbar. und das Verbessern Ihrer eigenen Aussprache. Audio ist auch für alle anderen Bücher der Reihe verfügbar.

So funktioniert die Audio-App

• Suchen Sie in Ihrem App-Store nach "DK Visual Dictionary" und laden Sie die kostenlose App auf Ihr Smartphone oder Tablet herunter.
• Öffnen Sie die App und wählen Sie Ihre Ausgabe des Buches aus.
• Wählen Sie Ihr Buch im Menü "Choose Your Book" (Buch auswählen) aus.
• Wählen Sie in der Liste der Inhalte ein Kapitel aus oder geben Sie in der Suchleiste eine Seitenzahl ein.
• Sortieren Sie die deutschen oder englischen Wörter von A bis Z.
• Scrollen Sie in der Liste nach oben oder unten, um ein Wort oder eine Redewendung zu finden.
• Tippen Sie auf ein Wort, um es sich anzuhören.

deutsch • english

about the dictionary

The use of pictures is proven to aid understanding and the retention of information. Working on this principle, this highly illustrated bilingual dictionary presents a large range of useful current vocabulary in two European languages.

The dictionary is divided thematically and covers most aspects of the everyday world in detail.

This is an essential reference tool for anyone interested in languages— practical, stimulating, and easy-to-use.

A few things to note

The two languages are always presented in the same order—German and English.

In German, nouns are masculine, feminine or neuter. "Der" is used before masculine nouns, "die" is used for feminine and plural nouns, and "das" is used before neuter nouns.

der Samen	**das Brot**
seed	bread

die Schwester	**die Mandeln**
sister	almonds

Adjectives and words for people and professions are indicated with *m* for masculine and *f* for feminine.

der Anwalt *m*
der Anwältin *f*
lawyer

Verbs are indicated by a (v) after the English, for example:

ernten | harvest (v)

Each language also has its own index at the back of the book. Here you can look up a word in either of the two languages and be referred to the page number(s) where it appears. The gender is indicated with *m*, *f*, or *n* (for neuter).

how to use this book

Whether you are learning a new language for business, pleasure, or in preparation for a holiday abroad, or are hoping to extend your vocabulary in an already familiar language, this dictionary is a valuable learning tool which you can use in a number of different ways.

When learning a new language, look out for cognates (words that are alike in different languages) and false friends (words that look alike but carry significantly different meanings). You can also see where the languages have influenced each other. For example, English has imported many terms for food from other European languages but, in turn, exported terms used in technology and popular culture.

Practical learning activities

• As you move about your home, workplace, or college, try looking at the pages which cover that setting. You could then close the book, look around you and see how many of the objects and features you can name.
• Challenge yourself to write a story, letter, or dialogue using as many of the terms on a particular page as possible. This will help you retain the vocabulary and remember the spelling. If you want to build up to writing a longer text, start with sentences incorporating 2–3 words.
• If you have a very visual memory, try drawing or tracing items from the book onto a piece of paper, then close the book and fill in the words below the picture.
• Once you are more confident, pick out words in a foreign-language index and see if you know what they mean before turning to the relevant page to check if you were right.

free audio app

The DK Visual Dictionary app contains all the words and phrases in the book, spoken by native speakers in both German and English, making it easier to learn important vocabulary and improve your pronunciation. Audio is also available for all the other books in the series.

how to use the audio app

• Search for "DK Visual Dictionary" in your chosen app store and download the free app on your smartphone or tablet.
• Open the app and select your edition of the book.
• Select your book from the "Choose your book" menu.
• Select a chapter from the contents list or enter a page number in the search bar.
• Sort the words A–Z in German or English.
• Scroll up or down through the list to find a word or phrase.
• Tap a word to hear it.

die Menschen
people

der Körper • body

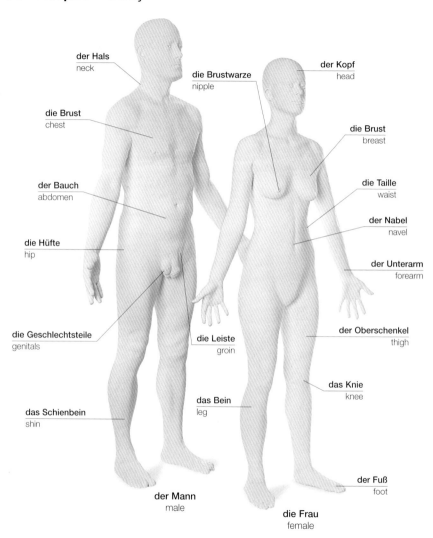

der Hals
neck

die Brustwarze
nipple

der Kopf
head

die Brust
chest

die Brust
breast

der Bauch
abdomen

die Taille
waist

die Hüfte
hip

der Nabel
navel

der Unterarm
forearm

die Geschlechtsteile
genitals

die Leiste
groin

der Oberschenkel
thigh

das Knie
knee

das Bein
leg

das Schienbein
shin

der Fuß
foot

der Mann
male

die Frau
female

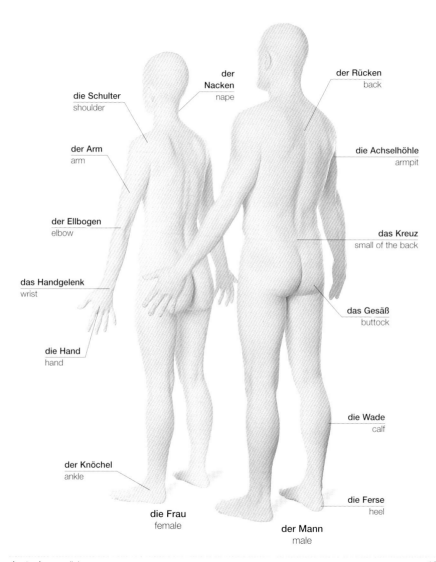

die Schulter
shoulder

der Nacken
nape

der Rücken
back

der Arm
arm

die Achselhöhle
armpit

der Ellbogen
elbow

das Kreuz
small of the back

das Handgelenk
wrist

das Gesäß
buttock

die Hand
hand

die Wade
calf

der Knöchel
ankle

die Ferse
heel

die Frau
female

der Mann
male

das Gesicht • face

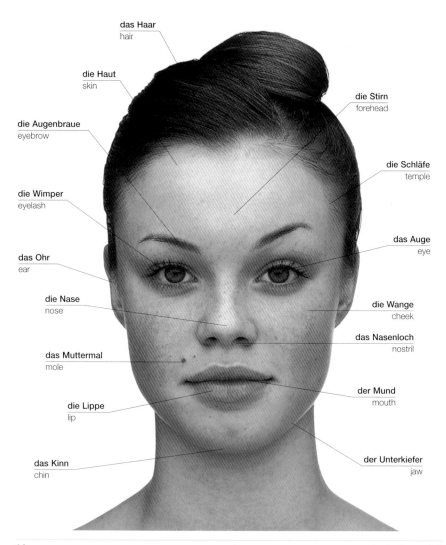

das Haar
hair

die Haut
skin

die Stirn
forehead

die Augenbraue
eyebrow

die Schläfe
temple

die Wimper
eyelash

das Auge
eye

das Ohr
ear

die Nase
nose

die Wange
cheek

das Nasenloch
nostril

das Muttermal
mole

der Mund
mouth

die Lippe
lip

das Kinn
chin

der Unterkiefer
jaw

die Falte
wrinkle

die Sommersprosse
freckle

die Pore
pore

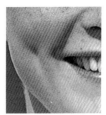

das Grübchen
dimple

die Hand • hand

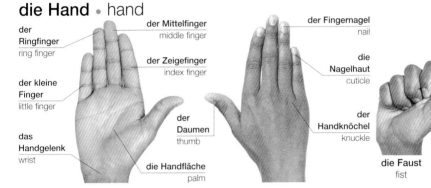

der
Ringfinger
ring finger

der **Mittelfinger**
middle finger

der **Zeigefinger**
index finger

der kleine
Finger
little finger

das
Handgelenk
wrist

der
Daumen
thumb

die Handfläche
palm

der **Fingernagel**
nail

die
Nagelhaut
cuticle

der
Handknöchel
knuckle

die Faust
fist

der Fuß • foot

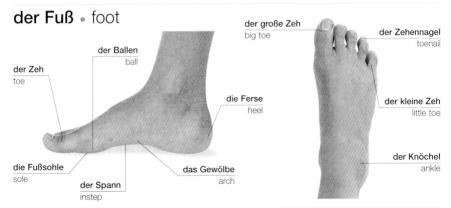

der **Ballen**
ball

der große Zeh
big toe

der **Zeh**
toe

die **Ferse**
heel

die Fußsohle
sole

das Gewölbe
arch

der **Spann**
instep

der **Zehennagel**
toenail

der kleine **Zeh**
little toe

der **Knöchel**
ankle

die Muskeln • muscles

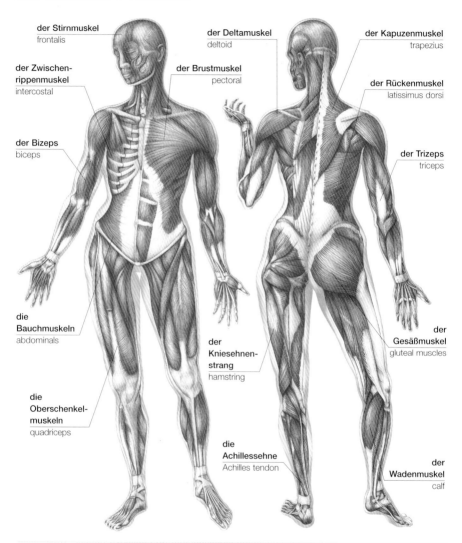

der Stirnmuskel
frontalis

der Deltamuskel
deltoid

der Kapuzenmuskel
trapezius

der Zwischen-
rippenmuskel
intercostal

der Brustmuskel
pectoral

der Rückenmuskel
latissimus dorsi

der Bizeps
biceps

der Trizeps
triceps

die
Bauchmuskeln
abdominals

der
Kniesehnen-
strang
hamstring

der
Gesäßmuskel
gluteal muscles

die
Oberschenkel-
muskeln
quadriceps

die
Achillessehne
Achilles tendon

der
Wadenmuskel
calf

das Skelett • skeleton

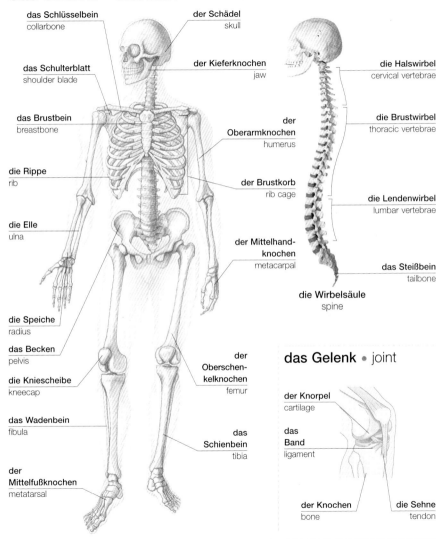

das Schlüsselbein
collarbone

der Schädel
skull

das Schulterblatt
shoulder blade

der Kieferknochen
jaw

das Brustbein
breastbone

der
Oberarmknochen
humerus

die Rippe
rib

der Brustkorb
rib cage

die Elle
ulna

der Mittelhand-
knochen
metacarpal

die Speiche
radius

das Becken
pelvis

die Kniescheibe
kneecap

der
Oberschen-
kelknochen
femur

das Wadenbein
fibula

das
Schienbein
tibia

der
Mittelfußknochen
metatarsal

die Halswirbel
cervical vertebrae

die Brustwirbel
thoracic vertebrae

die Lendenwirbel
lumbar vertebrae

das Steißbein
tailbone

die Wirbelsäule
spine

das Gelenk • joint

der Knorpel
cartilage

das
Band
ligament

der Knochen
bone

die Sehne
tendon

die inneren Organe • internal organs

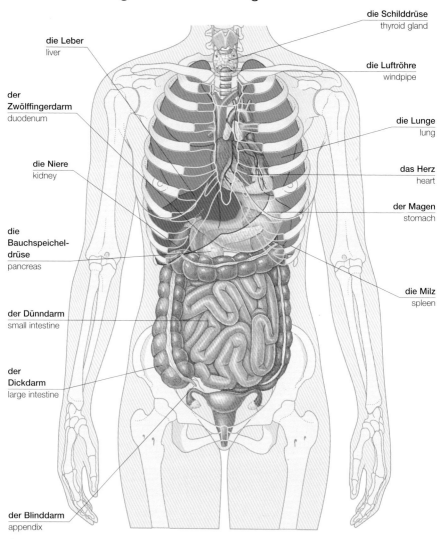

die Schilddrüse
thyroid gland

die Leber
liver

der
Zwölffingerdarm
duodenum

die Luftröhre
windpipe

die Lunge
lung

die Niere
kidney

das Herz
heart

der Magen
stomach

die
Bauchspeichel-
drüse
pancreas

der Dünndarm
small intestine

die Milz
spleen

der
Dickdarm
large intestine

der Blinddarm
appendix

der Kopf • head

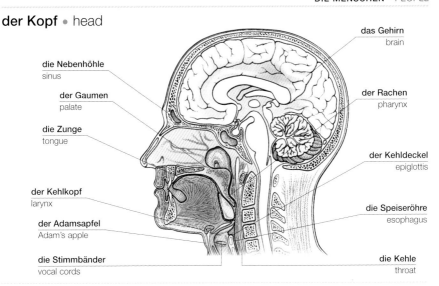

das Gehirn
brain

die Nebenhöhle
sinus

der Gaumen
palate

die Zunge
tongue

der Rachen
pharynx

der Kehldeckel
epiglottis

der Kehlkopf
larynx

der Adamsapfel
Adam's apple

die Speiseröhre
esophagus

die Stimmbänder
vocal cords

die Kehle
throat

die Organsysteme • body systems

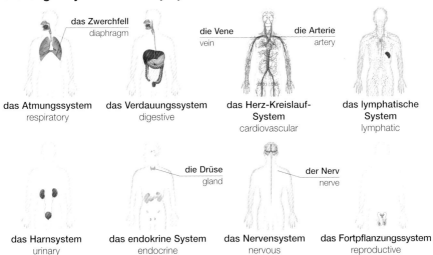

das Zwerchfell
diaphragm

die Vene
vein

die Arterie
artery

das Atmungssystem
respiratory

das Verdauungssystem
digestive

das Herz-Kreislauf-System
cardiovascular

das lymphatische System
lymphatic

die Drüse
gland

der Nerv
nerve

das Harnsystem
urinary

das endokrine System
endocrine

das Nervensystem
nervous

das Fortpflanzungssystem
reproductive

die Fortpflanzungsorgane • reproductive organs

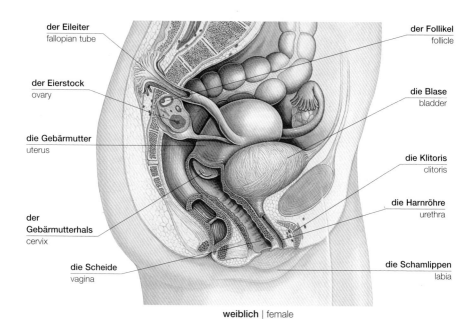

| der Eileiter | der Follikel |
| fallopian tube | follicle |

der Eierstock
ovary

die Gebärmutter
uterus

die Blase
bladder

die Klitoris
clitoris

der
Gebärmutterhals
cervix

die Harnröhre
urethra

die Scheide
vagina

die Schamlippen
labia

weiblich | female

die Fortpflanzung
reproduction

das Spermium
sperm

das Ei
egg

die Befruchtung | fertilization

Vokabular • vocabulary

| steril | impotent | die Menstruation |
| infertile | impotent | menstruation |

| fruchtbar | empfangen | der Geschlechtsverkehr |
| fertile | conceive | intercourse |

| das Hormon | der Eisprung | die Geschlechtskrankheit |
| hormone | ovulation | sexually transmitted infection |

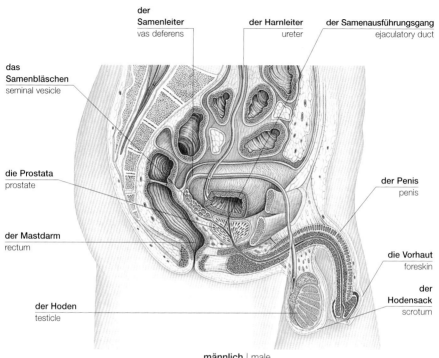

das
Samenbläschen
seminal vesicle

der
Samenleiter
vas deferens

der **Harnleiter**
ureter

der **Samenausführungsgang**
ejaculatory duct

die **Prostata**
prostate

der **Penis**
penis

der **Mastdarm**
rectum

die **Vorhaut**
foreskin

der
Hodensack
scrotum

der **Hoden**
testicle

männlich | male

die Empfängnisverhütung • contraception

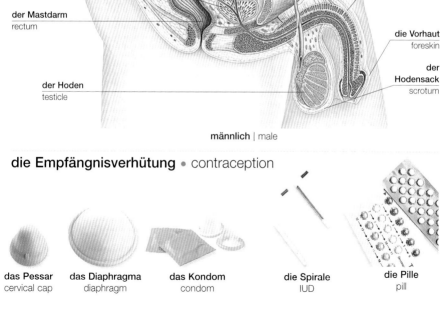

das Pessar
cervical cap

das Diaphragma
diaphragm

das Kondom
condom

die Spirale
IUD

die Pille
pill

die Familie • family

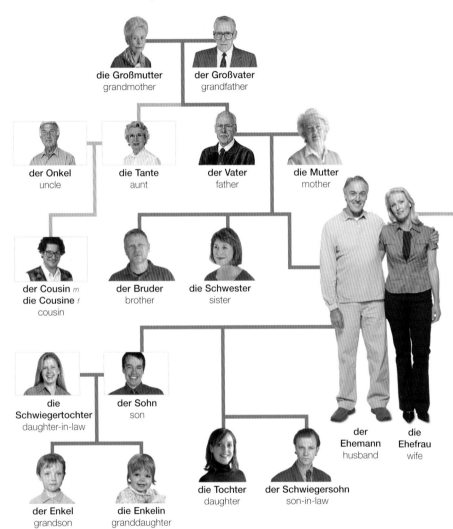

die Großmutter
grandmother

der Großvater
grandfather

der Onkel
uncle

die Tante
aunt

der Vater
father

die Mutter
mother

der Cousin *m*
die Cousine *f*
cousin

der Bruder
brother

die Schwester
sister

**die
Schwiegertochter**
daughter-in-law

der Sohn
son

**der
Ehemann**
husband

**die
Ehefrau**
wife

der Enkel
grandson

die Enkelin
granddaughter

die Tochter
daughter

der Schwiegersohn
son-in-law

Vokabular • vocabulary

die Großeltern grandparents	**die Verwandten** relatives	**der Stiefvater** stepfather	**die Stiefmutter** stepmother	**die Stieftochter** stepdaughter	**die Zwillinge** twins
die Eltern parents	**die Kinder** children	**die Enkelkinder** grandchildren	**der Stiefsohn** stepson	**der Partner** m **die Partnerin** f partner	**die Generation** generation

die Schwiegermutter mother-in-law

der Schwiegervater father-in-law

der Schwager brother-in-law

die Schwägerin sister-in-law

die Nichte niece

der Neffe nephew

die Anreden
titles

Herr Mr.

Fräulein Miss

Frau Mrs. / Ms.

die Stadien • stages

das Baby m/f baby

das Kind m/f child

der Junge boy

das Mädchen girl

der Jugendliche m **die Jugendliche** f teenager

der Erwachsene m **die Erwachsene** f adult

der Mann man

die Frau woman

die Beziehungen • relationships

der Manager *m*
die Managerin *f*
manager

der Assistent *m*
die Assistentin *f*
assistant

der Geschäftspartner *m*
die Geschäftspartnerin *f*
business partner

der Arbeitgeber *m*
die Arbeitgeberin *f*
employer

der Arbeitnehmer *m*
die Arbeitnehmerin *f*
employee

der Kollege *m*
die Kollegin *f*
colleague

das Büro | office

der Nachbar *m*
die Nachbarin *f*
neighbor

der Freund *m*
die Freundin *f*
friend

der Bekannte *m*
die Bekannte *f*
acquaintance

der Brieffreund *m*
die Brieffreundin *f*
pen pal

der Freund
boyfriend

die Freundin
girlfriend

das Paar | couple

der Verlobte
fiancé

die Verlobte
fiancée

die Verlobten | engaged couple

die Gefühle • emotions

das Lächeln
smile

glücklich
happy

traurig
sad

begeistert
excited

gelangweilt
bored

überrascht
surprised

verängstigt
scared

das
Stirnrunzeln
frown

sauer
angry

verwirrt
confused

besorgt
worried

nervös
nervous

stolz
proud

selbstbewusst
confident

peinlich berührt
embarrassed

schüchtern
shy

Vokabular • vocabulary

aufgelöst upset	**schreien** shout (v)	**lachen** laugh (v)	**seufzen** sigh (v)
schockiert shocked	**gähnen** yawn (v)	**weinen** cry (v)	**in Ohnmacht fallen** faint (v)

die Ereignisse des Lebens • life events

geboren werden
be born (v)

eingeschult werden
start school (v)

sich anfreunden
make friends (v)

graduieren
graduate (v)

eine Stelle bekommen
get a job (v)

sich verlieben
fall in love (v)

heiraten
get married (v)

ein Baby bekommen
have a baby (v)

die Hochzeit | wedding

die Scheidung
divorce

das Begräbnis
funeral

Vokabular • vocabulary

die Taufe
christening

die Bar-Mizwa
bar mitzvah

der Hochzeitstag
anniversary

in den Ruhestand treten
retire (v)

sein Testament machen
make a will (v)

emigrieren
emigrate (v)

sterben
die (v)

die Hochzeitsfeier
wedding reception

die Hochzeitsreise
honeymoon

die Geburtsurkunde
birth certificate

die Feiern • celebrations

die Feste
festivals

die
Geburtstagsfeier
birthday party

die Karte
card

der Geburtstag
birthday

das Geschenk
present

das Weihnachten
Christmas

das Passah
Passover

das Neujahr
New Year

der Karneval
carnival

der Umzug
procession

das Zuckerfest
Eid

das Band
ribbon

das Erntedankfest
Thanksgiving

das Ostern
Easter

das Halloween
Halloween

das Diwali
Diwali

die äußere Erscheinung
appearance

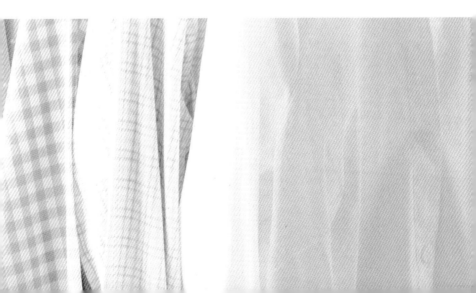

die Kinderkleidung • children's clothing

das Baby • baby

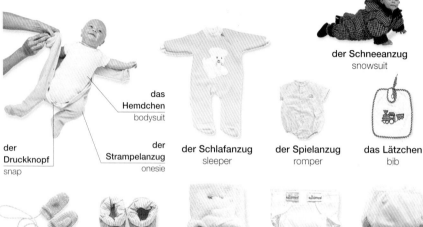

der Schneeanzug
snowsuit

das
Hemdchen
bodysuit

der
Druckknopf
snap

der
Strampelanzug
onesie

der Schlafanzug
sleeper

der Spielanzug
romper

das Lätzchen
bib

die
Babyhandschuhe
mittens

die
Babyschuhe
booties

die
Stoffwindel
cloth diaper

die
Wegwerfwindel
disposable diaper

das
Gummihöschen
plastic pants

das Kleinkind • toddler

der Sonnenhut
sun hat

die Schürze
apron

die Latzhose
overalls

die Shorts
shorts

das T-Shirt
T-shirt

der Rock
skirt

das Kind • child

das Kleid
dress

die Kapuze
hood

die Jeans
jeans

die
Sandalen
sandals

der Sommer
summer

der Regenmantel
raincoat

der Rucksack
backpack

der
Knebel-
knopf
toggle

der Herbst
fall

der Dufflecoat
duffel coat

der Schal
scarf

der
Anorak
parka

die
Gummistiefel
rain boots

der Winter
winter

der Morgenrock
bathrobe

die
Sportschuhe
athletic shoes

das Nachthemd
nightgown

die Hausschuhe
slippers

die Nachtwäsche
nightwear

das Logo
logo

der Fußballdress
soccer uniform

der Trainingsanzug
tracksuit

die Leggings
leggings

Vokabular • vocabulary

die Naturfaser
natural fiber

synthetisch
synthetic

Ist es waschmaschinenfest?
Is it machine washable?

Passt das einem
Zweijährigen?
Will this fit a two-year-old?

die Kleidung • clothes (1)

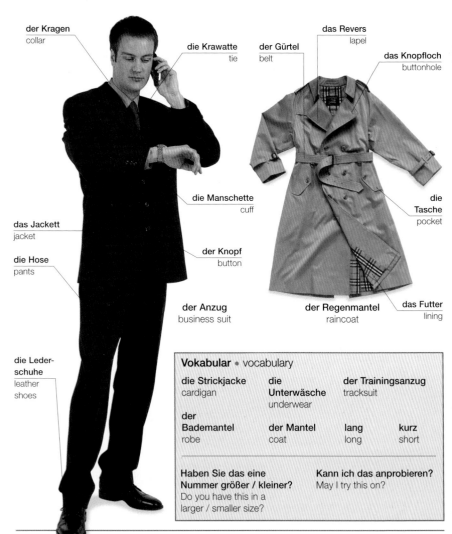

der Kragen
collar

die Krawatte
tie

der Gürtel
belt

das Revers
lapel

das Knopfloch
buttonhole

die Manschette
cuff

die Tasche
pocket

das Jackett
jacket

die Hose
pants

der Knopf
button

der Anzug
business suit

der Regenmantel
raincoat

das Futter
lining

die Leder-schuhe
leather shoes

Vokabular • vocabulary

die Strickjacke cardigan	**die Unterwäsche** underwear	**der Trainingsanzug** tracksuit
der Bademantel robe	**der Mantel** coat	**lang** long **kurz** short

---

Haben Sie das eine Nummer größer / kleiner?
Do you have this in a larger / smaller size?

Kann ich das anprobieren?
May I try this on?

der V-Ausschnitt
V-neck

der runde Ausschnitt
crew neck

das T-Shirt
T-shirt

der Blazer
blazer

das Sportjackett
sport coat

die Weste
vest

die Jeans
jeans

der Anorak
parka

das Sweatshirt
sweatshirt

das Hemd
shirt

der Pullover
sweater

der Schlafanzug
pajamas

das Unterhemd
undershirt

die Freizeitkleidung
casual wear

die Shorts
shorts

der Slip
briefs

die Boxershorts
boxer shorts

die Socken
socks

die Kleidung • clothes (2)

der Blazer
jacket

die Naht
seam

trägerlos
strapless

ärmellos
sleeveless

die Bluse
blouse

knöchellang
ankle-length

das Abendkleid
evening dress

das Kleid
dress

der Rock
skirt

der Pullover
sweater

knielang
knee-length

die Hose
pants

der Saum
hem

die Schuhe
shoes

formell
formal

leger
casual

die Unterwäsche • lingerie

der Morgenmantel
robe

der Unterrock
slip

der Träger
strap

das Mieder
camisole

das Bustier
bustier

der Strumpfhalter
garter straps

der Strumpf
stocking

die Strumpfhose
panty hose

der Büstenhalter
bra

der Slip
panties

das Nachthemd
nightgown

die Hochzeit • wedding

das Bukett
bouquet

das Hochzeitskleid
wedding dress

Vokabular • vocabulary

das Korsett corset	**gut geschnitten** tailored
das Strumpfband garter	**mit Formbügeln** underwire
das Schulterpolster shoulder pad	**der Rockbund** waistband
der Sport-BH sports bra	**rückenfrei** halter neck
der Schleier veil	**die Spitze** lace

die Accessoires • accessories

die
Gürtelschnalle
buckle

der Griff
handle

die Mütze
cap

der Hut
hat

der Schal
scarf

der Gürtel
belt

die Spitze
tip

das Taschentuch
handkerchief

die Fliege
bow tie

die
Krawattennadel
tiepin

die Handschuhe
gloves

der Regenschirm
umbrella

der Schmuck • jewelry

die Perlenkette
strand of pearls

der Anhänger
pendant

die Brosche
brooch

der Manschettenknopf
cuff links

das Glied
link

der Verschluss
clasp

der Ohrring
earrings

der Ring
ring

der Edelstein
stone

die Halskette
necklace

die
Armbanduhr
watch

das Armband
bracelet

die Kette
chain

der Schmuckkasten | jewelry box

die Taschen • bags

die Brieftasche
wallet

das Portemonnaie
change purse

die Umhängetasche
shoulder bag

der **Verschluss**
clasp

der **Schulterriemen**
shoulder strap

die **Griffe**
handles

die Reisetasche
duffel bag

die Aktentasche
briefcase

die Handtasche
handbag

der Rucksack
backpack

die Schuhe • shoes

der **Schnürsenkel**
lace

die **Zunge**
tongue

die **Öse**
eyelet

die **Sohle**
sole

der Schnürschuh
lace-up

der Absatz
heel

der Stiefel
boot

der **Wanderschuh**
hiking boot

der **Sportschuh**
sneaker

die Strandsandale
flip-flop

der Lederschuh
dress shoe

der Schuh mit hohem Absatz
high-heeled shoe

der Keilschuh
wedge

die Sandale
sandal

der Slipper
slip-on

der Ballerina
flat

das Haar • hair

der Kamm
comb

kämmen
comb (v)

die Haarbürste
brush

bürsten | brush (v)

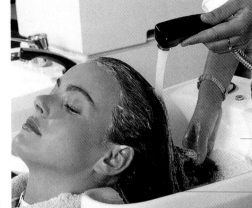

der Friseur *m*
die Friseurin *f*
hairdresser

das Waschbecken
sink

der Kunde *m*
die Kundin *f*
client

waschen | wash (v)

der Morgenmantel
robe

ausspülen
rinse (v)

schneiden
cut (v)

föhnen
blow-dry (v)

legen
set (v)

die Frisierartikel • accessories

der Föhn
blow-dryer

das Shampoo
shampoo

die Haarspülung
conditioner

das Haargel
gel

das Haarspray
hairspray

der Lockenstab
curling iron

die Schere
scissors

der Haarreif
headband

der Haarglätter
hair straightener

die Haarklammer
bobby pins

die Frisuren • styles

der Pferdeschwanz
ponytail

der Zopf
braid

die Hochfrisur
French twist

der Haarknoten
bun

die Schwänzchen
pigtails

der Bubikopf
bob

der Kurzhaarschnitt
short haircut

lockig
curly

die Dauerwelle
perm

glatt
straight

die Wurzeln
roots

die Strähnen
highlights

kahl
bald

die Perücke
wig

die Haarfarben • colors

blond
blond / blonde

brünett
brunette

rotbraun
auburn

rot
red

schwarz
black

grau
gray

weiß
white

gefärbt
dyed

Vokabular • vocabulary

das Haarband
hair tie

die Kopfhaut
scalp

nachschneiden
trim (v)

trocken
dry

glätten
straighten (v)

normal
normal

der Haarspliss
split ends

fettig
greasy

der Herrenfriseur
barber

der Bart
beard

die Schuppen
dandruff

der Schnurrbart
mustache

die Schönheit • beauty

das Haarfärbemittel
hair dye

der Lidschatten
eye shadow

die
Wimperntusche
mascara

der Eyeliner
eyeliner

das Puderrouge
blush

die Grundierung
foundation

der Lippenstift
lipstick

das Make-up • makeup

der Augenbrauenstift
eyebrow pencil

das Brauenbürstchen
eyebrow brush

die Pinzette
tweezers

das Lipgloss
lip gloss

der Lippenpinsel
lip brush

der Lippenkonturenstift
lip liner

der Puderpinsel
brush

der Korrekturstift
concealer

der Spiegel
mirror

der Gesichtspuder
face powder

die Puderquaste
powder puff

die Puderdose | compact

die Schönheitsbehandlungen
beauty treatments

die Gesichtsmaske
face mask

die Fadenepilation
threading

die Gesichtsbehandlung
facial

Peeling machen
exfoliate (v)

die Enthaarung
wax

die Pediküre
pedicure

die Toilettenartikel • toiletries

der Reiniger
cleanser

das Gesichtswasser
toner

die Feuchtigkeitscreme
moisturizer

die Selbstbräunungscreme
self-tanning lotion

das Parfum
perfume

das Eau de Toilette
eau de toilette

die Maniküre • manicure

der Nagellackentferner
nail polish remover

die Nagelfeile
nail file

der Nagellack
nail polish

die Nagelschere
nail scissors

der Nagelknipser
nail clippers

Vokabular • vocabulary

der Teint complexion	empfindlich sensitive	Antifalten- antiwrinkle
hell fair	hypoallergen hypoallergenic	die Kakaobutter cocoa butter
dunkel dark	der Farbton shade	die Wattebällchen cotton balls
trocken dry	die Sonnenbräune tan	
fettig oily	die Tätowierung tattoo	

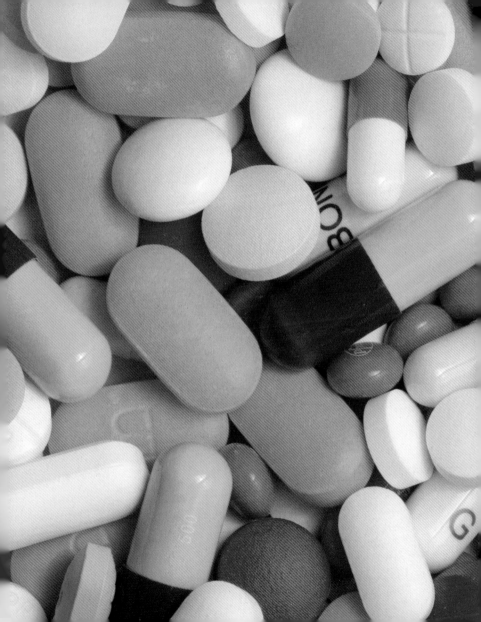

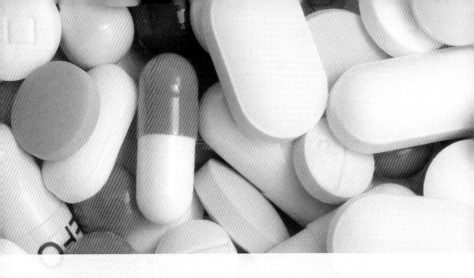

die Gesundheit
health

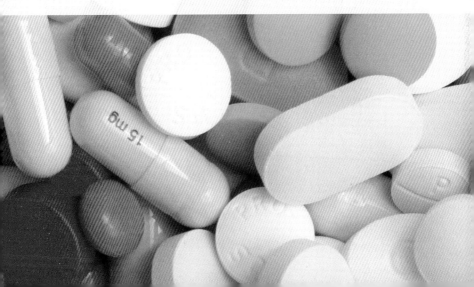

die Krankheit • illness

das Fieber | fever

die Kopfschmerzen
headache

das Nasenbluten
nosebleed

der Husten
cough

das Niesen
sneeze

die Erkältung
cold

die Grippe
flu

der Inhalations-
apparat
inhaler

das Asthma
asthma

die Krämpfe
cramps

die Übelkeit
nausea

die Windpocken
chicken pox

der Hautausschlag
rash

Vokabular • vocabulary

der Herzinfarkt heart attack	**die Allergie** allergy	**das Ekzem** eczema	**die Verkühlung** chill	**die Epilepsie** epilepsy	**der Durchfall** diarrhea
der Blutdruck blood pressure	**der Mumps** mumps	**das Virus** virus	**die Migräne** migraine	**sich übergeben** vomit (v)	**die Masern** measles
der Schlaganfall stroke	**die Zucker-krankheit** diabetes	**die Infektion** infection	**die Magenschmerzen** stomachache	**in Ohnmacht fallen** faint (v)	**der Heuschnupfen** hay fever

der Arzt _m_ / die Ärztin _f_ • doctor

die Konsultation • consultation

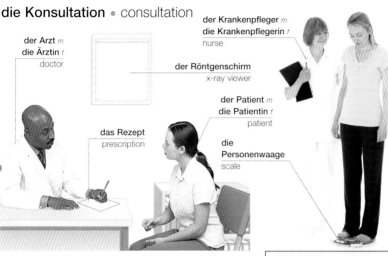

der Arzt _m_
die Ärztin _f_
doctor

der Krankenpfleger _m_
die Krankenpflegerin _f_
nurse

der Röntgenschirm
x-ray viewer

der Patient _m_
die Patientin _f_
patient

das Rezept
prescription

die Personenwaage
scale

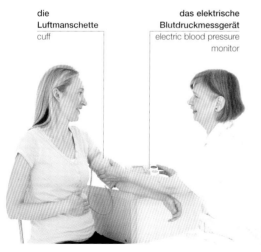

die Luftmanschette
cuff

das elektrische Blutdruckmessgerät
electric blood pressure monitor

Vokabular • vocabulary

der Termin appointment	**die Impfung** vaccination
das Sprechzimmer doctor's office	**das Thermometer** thermometer
das Wartezimmer waiting room	**die Untersuchung** medical examination
das Hörgerät hearing aid	

Ich muss einen Arzt sprechen.
I need to see a doctor.

Es tut hier weh.
It hurts here.

die Verletzung • injury

die Schlinge
sling

die Halskrawatte
neck brace

die Verstauchung | sprain

die Fraktur
fracture

das Schleudertrauma
whiplash

der Schnitt
cut

die Abschürfung
graze

der blaue Fleck
bruise

der Splitter
splinter

der Sonnenbrand
sunburn

die Brandwunde
burn

der Biss
bite

der Stich
sting

Vokabular • vocabulary

der Unfall accident	**die Blutung** hemorrhage	**die Kopfverletzung** head injury	**Wird er / sie es gut überstehen?** Will he / she be all right?
der Notfall emergency	**die Blase** blister	**die Vergiftung** poisoning	**Rufen Sie bitte einen Krankenwagen.** Please call an ambulance.
die Wunde wound	**der elektrische Schlag** electric shock	**die Gehirnerschütterung** concussion	**Wo haben Sie Schmerzen?** Where does it hurt?

---

die erste Hilfe • first aid

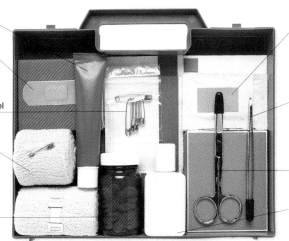

die Salbe
ointment

das Pflaster
adhesive bandage

die Sicherheitsnadel
safety pin

die Bandage
bandage

die Schmerz-tabletten
painkillers

das Desinfektionstuch
antiseptic wipe

die Pinzette
tweezers

die Schere
scissors

das Antiseptikum
antiseptic

der Erste-Hilfe-Kasten | first-aid kit

die Gaze
gauze

der Verband
dressing

die Schiene | splint

das Leukoplast
adhesive tape

die Wiederbelebung
resuscitation

Vokabular • vocabulary			
der Schock shock	**der Puls** pulse	**ersticken** choke (v)	**Können Sie mir helfen?** Can you help me?
bewusstlos unconscious	**die Atmung** breathing	**steril** sterile	**Beherrschen Sie die Erste Hilfe?** Do you know first aid?

das Krankenhaus • hospital

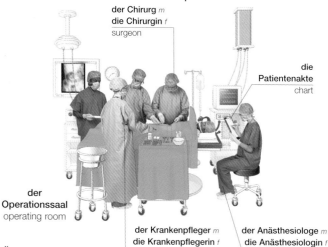

der Chirurg *m*
die Chirurgin *f*
surgeon

die Patientenakte
chart

der Operationssaal
operating room

der Krankenpfleger *m*
die Krankenpflegerin *f*
nurse

der Anästhesiologe *m*
die Anästhesiologin *f*
anesthesiologist

die Blutuntersuchung
blood test

die Spritze
injection

die Röntgenaufnahme
x-ray

das CT-Bild
scan

die fahrbare Liege
gurney

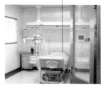

die Notaufnahme
emergency room

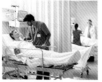

das Patientenzimmer
ward

der Rollstuhl
wheelchair

Vokabular • vocabulary

die Operation operation	**entlassen** discharged	**die Besuchszeiten** visiting hours	**die Entbindungsstation** maternity ward	**die Intensivstation** intensive care unit
aufgenommen admitted	**die Klinik** clinic	**die Kinderstation** children's ward	**das Privatzimmer** private room	**der ambulante Patient** outpatient

die Abteilungen • departments

die HNO-Abteilung
ENT

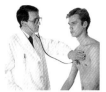
die Kardiologie
cardiology

die Orthopädie
orthopedics

die Gynäkologie
gynecology

die Physiotherapie
physiotherapy

die Dermatologie
dermatology

die Kinderheilkunde
pediatrics

die Radiologie
radiology

die Chirurgie
surgery

die Entbindungsstation
maternity

die Psychiatrie
psychiatry

die Augenheilkunde
ophthalmology

Vokabular • vocabulary

die Neurologie neurology	**die Urologie** urology	**die plastische Chirurgie** plastic surgery	**die Pathologie** pathology	**das Ergebnis** result
die Onkologie oncology	**die Endokrinologie** endocrinology	**die Überweisung** referral	**die Untersuchung** test	**der Facharzt** *m* **die Fachärztin** *f* specialist

---

der Zahnarzt *m* / die Zahnärztin *f* • dentist

der Zahn • tooth

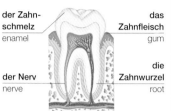

der Zahn-
schmelz
enamel

das
Zahnfleisch
gum

der Nerv
nerve

die
Zahnwurzel
root

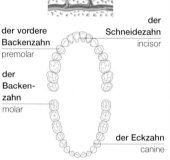

der vordere
Backenzahn
premolar

der
Schneidezahn
incisor

der
Backen-
zahn
molar

der Eckzahn
canine

Vokabular • vocabulary

der Zahnbelag plaque	die Zahnseide dental floss
die Karies decay	die Extraktion extraction
die Zahnfüllung filling	die Krone crown
der Bohrer drill	das Veneer veneer
die Zahnschmerzen toothache	die Interdentalbürste interdental brush

der Check-up • checkup

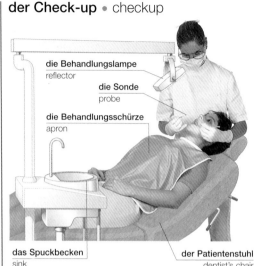

die Behandlungslampe
reflector

die Sonde
probe

die Behandlungsschürze
apron

das Spuckbecken
sink

der Patientenstuhl
dentist's chair

mit Zahnseide
reinigen
floss (v)

bürsten
brush (v)

die Zahnspange
braces

die Röntgen-
aufnahme
dental x-ray

das Röntgenbild
x-ray film

die
Zahnprothese
dentures

---

der Optiker *m* / die Optikerin *f* • optometrist

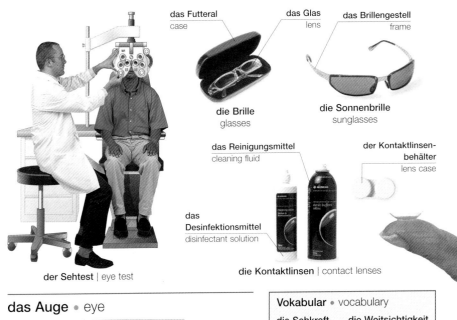

das Futteral
case

das Glas
lens

das Brillengestell
frame

die Brille
glasses

die Sonnenbrille
sunglasses

das Reinigungsmittel
cleaning fluid

der Kontaktlinsen-behälter
lens case

das Desinfektionsmittel
disinfectant solution

die Kontaktlinsen | contact lenses

der Sehtest | eye test

das Auge • eye

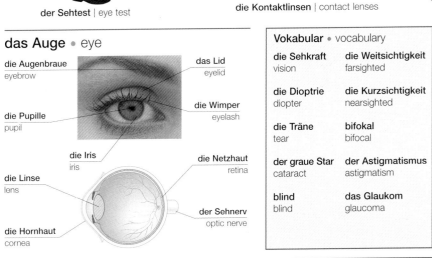

die Augenbraue
eyebrow

das Lid
eyelid

die Pupille
pupil

die Wimper
eyelash

die Iris
iris

die Netzhaut
retina

die Linse
lens

der Sehnerv
optic nerve

die Hornhaut
cornea

Vokabular • vocabulary	
die Sehkraft vision	die Weitsichtigkeit farsighted
die Dioptrie diopter	die Kurzsichtigkeit nearsighted
die Träne tear	bifokal bifocal
der graue Star cataract	der Astigmatismus astigmatism
blind blind	das Glaukom glaucoma

die Schwangerschaft • pregnancy

der Schwangerschaftstest
pregnancy test

die Ultraschallaufnahme
scan

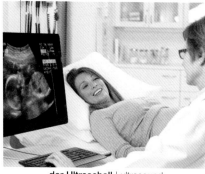

der Ultraschall | ultrasound

die Plazenta
placenta

**die
Nabelschnur**
umbilical cord

**der
Gebärmutterhals**
cervix

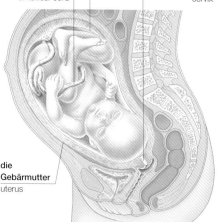

die
Gebärmutter
uterus

der Fötus | fetus

Vokabular • vocabulary

der Eisprung
ovulation

die Empfängnis
conception

schwanger
pregnant /
expecting

vorgeburtlich
prenatal

der Embryo
embryo

die Gebärmutter
womb

das Trimester
trimester

das Fruchtwasser
amniotic fluid

die Amniozentese
amniocentesis

die Wehe
contraction

die Erweiterung
dilation

der Kaiserschnitt
cesarean section

**die
Periduralanästhesie**
epidural

der Dammschnitt
episiotomy

die Naht
stitches

die Geburt
birth

die Entbindung
delivery

vorzeitig
premature

die Fehlgeburt
miscarriage

die Steißgeburt
breech birth

der Gynäkologe *m*
die Gynäkologin *f*
gynecologist

der Entbindungsarzt *m*
die Entbindungsärztin *f*
obstetrician

**mit der Flasche
füttern**
bottle-feed (v)

der Muttermilchersatz
baby formula

**Meine Fruchtblase
ist geplatzt!**
My water broke!

die Geburt • childbirth

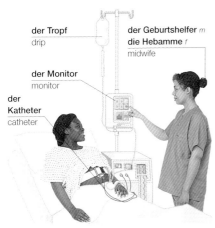

der Tropf
drip

der Geburtshelfer *m*
die Hebamme *f*
midwife

der Monitor
monitor

der
Katheter
catheter

die Geburt einleiten
induce labor (v)

der Brutkasten | incubator

das Geburtsgewicht
birth weight

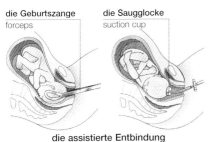

die Geburtszange
forceps

die Saugglocke
suction cup

die assistierte Entbindung
assisted delivery

das Namensbändchen
identity tag

das Neugeborene
newborn baby

das Stillen • nursing

die Brustpumpe
breast pump

der Stillbüstenhalter
nursing bra

stillen
breastfeed (v)

die Stilleinlagen
nursing pads

die komplementären Therapien
complementary therapies

die Yoga-Haltung
yoga pose

die Matte
mat

das Yoga | yoga

die Chiropraktik
chiropractic

die Osteopathie
osteopathy

die Reflexzonenmassage
reflexology

die Meditation
meditation

die Massage
massage

das Shiatsu
shiatsu

der Berater *m*
die Beraterin *f*
counselor

die Gruppentherapie
group therapy

das Reiki
reiki

die Akupunktur
acupuncture

das Ayurveda
ayurveda

die Hypnotherapie
hypnotherapy

die ätherischen Öle
essential oils

die Kräuterheilkunde
herbalism

die Aromatherapie
aromatherapy

die Homöopathie
homeopathy

die Akupressur
acupressure

der Therapeut *m*
die Therapeutin *f*
therapist

die Psychotherapie
psychotherapy

Vokabular • vocabulary

die **Kristalltherapie** crystal healing	die **Naturheilkunde** naturopathy	die **Entspannung** relaxation	das **Nahrungsergänzungsmitttel** supplement
die **Wasserbehandlung** hydrotherapy	das **Feng Shui** feng shui	der **Stress** stress	**Heilkräuter-** herbal

---

das Haus
home

das Haus • house

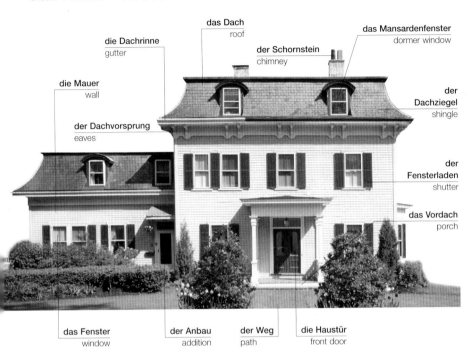

das Dach
roof

die Dachrinne
gutter

der Schornstein
chimney

das Mansardenfenster
dormer window

die Mauer
wall

der
Dachziegel
shingle

der Dachvorsprung
eaves

der
Fensterladen
shutter

das Vordach
porch

das Fenster
window

der Anbau
addition

der Weg
path

die Haustür
front door

Vokabular • vocabulary

das Einzelhaus single-family	das Reihenhaus row house	die Garage garage	das Stockwerk floor	die Alarmanlage burglar alarm	die Miete rent
das Doppelhaus duplex	der Bungalow bungalow	das Zimmer room	der Hof courtyard	der Vermieter *m* die Vermieterin *f* landlord	mieten rent (v)
das Stadthaus townhouse	das Kellergeschoss basement	der Dachboden attic	die Haustürlampe porch light	der Mieter *m* die Mieterin *f* tenant	der Briefkasten mailbox

der Eingang • entrance

der Treppen-
absatz
landing

das Treppen-
geländer
banister

der
Handlauf
hand rail

die Treppe
staircase

die Diele
foyer

die Wohnung
apartment

der Balkon
balcony

der Wohnblock
apartment building

die Türklingel
doorbell

der Fußabtreter
doormat

der Türklopfer
door knocker

die Sprechanlage
intercom

die Türkette
door chain

der Schlüssel
key

das Schloss
lock

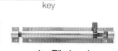

der Türriegel
bolt

der Fahrstuhl
elevator

die Hausanschlüsse • internal systems

der Flügel
blade

der Ventilator
fan

der Heizkörper
radiator

der Heizofen
space heater

der Heizlüfter
convection heater

die Elektrizität • electricity

neutral
neutral

der Erdungsstift
ground pin

der Pol
pin

stromführend
live

die Energiesparlampe
energy-saving bulb

der Stecker
plug

die Leitung
wires

Vokabular • vocabulary

die Spannung voltage	**die Sicherung** fuse	**die Steckdose** outlet	**der Gleichstrom** direct current	**der Transformator** transformer
das Ampere amp	**der Generator** generator	**der Schalter** switch	**der Stromzähler** electric meter	**das Stromnetz** household current
der Strom power	**der Sicherungskasten** fuse box	**der Wechselstrom** alternating current	**der Stromausfall** power outage	

die Sanitärtechnik • plumbing

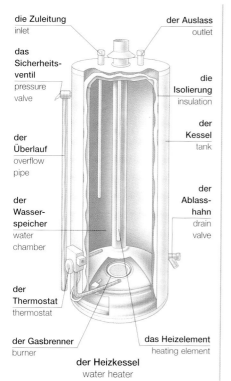

die Zuleitung
inlet

das
Sicherheits-
ventil
pressure
valve

der
Überlauf
overflow
pipe

der
Wasser-
speicher
water
chamber

der
Thermostat
thermostat

der Gasbrenner
burner

der Auslass
outlet

die
Isolierung
insulation

der
Kessel
tank

der
Ablass-
hahn
drain
valve

das Heizelement
heating element

der Heizkessel
water heater

die Spüle • sink

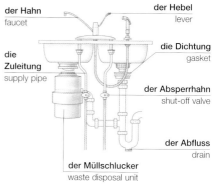

der Hahn
faucet

der Hebel
lever

die
Zuleitung
supply pipe

die Dichtung
gasket

der Absperrhahn
shut-off valve

der Abfluss
drain

der Müllschlucker
waste disposal unit

die Toilette • toilet

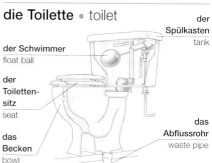

der
Spülkasten
tank

der Schwimmer
float ball

der
Toiletten-
sitz
seat

das
Becken
bowl

das
Abflussrohr
waste pipe

die Abfallentsorgung • waste disposal

die Flasche
bottle

der Deckel
lid

der
Trethebel
pedal

der
Recyclingbehälter
recycling bin

der Abfalleimer
trash can

die
Abfallsortiereinheit
sorting bin

der Bio-Abfall
organic waste

das Wohnzimmer • living room

die Wandlampe
wall light

der Kamin
fireplace

die Decke
ceiling

die Vase
vase

das Sofakissen
pillow

die Lampe
lamp

der Couchtisch
coffee table

das Sofa
sofa

der Fußboden
floor

der
Bilderrahmen
frame

der Vorhang
curtain

die Gardine
sheer curtain

das Bild
picture

die Jalousie
Venetian blinds

das Rollo
roller blind

der Stuck
molding

der Sessel
armchair

das Bücherregal
bookshelf

die
Bettcouch
sofa bed

der Teppich
rug

das Arbeitszimmer | study

das Esszimmer • dining room

der Pfeffer
pepper

das Salz
salt

der Tisch
table

das
Geschirr
crockery

das
Besteck
cutlery

der Stuhl
chair

die Lehne
back

die Sitzfläche
seat

das Bein
leg

Vokabular • vocabulary

die Tischdecke tablecloth	**essen** eat (v)	**den Tisch decken** set the table (v)	**das Frühstück** breakfast	**Könnte ich bitte noch ein bisschen haben?** Can I have some more, please?
das Set place mat	**hungrig** hungry	**der Gastgeber** host	**das Mittagessen** lunch	
die Mahlzeit meal	**satt** full	**die Gastgeberin** hostess	**das Abendessen** dinner	**Ich bin satt, danke.** I've had enough, thank you.
die Portion portion	**servieren** serve (v)	**der Gast** *m* **die Gästin** *f* guest		**Das war lecker.** That was delicious.

das Geschirr und das Besteck • crockery and cutlery

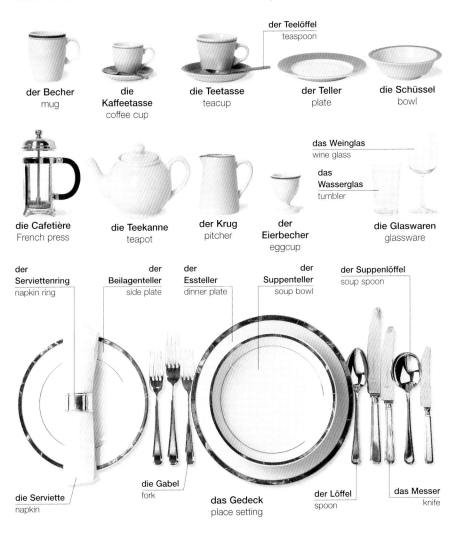

der Becher
mug

die Kaffeetasse
coffee cup

die Teetasse
teacup

der Teelöffel
teaspoon

der Teller
plate

die Schüssel
bowl

die Cafetière
French press

die Teekanne
teapot

der Krug
pitcher

der Eierbecher
eggcup

das Weinglas
wine glass

das Wasserglas
tumbler

die Glaswaren
glassware

der Serviettenring
napkin ring

der Beilagenteller
side plate

der Essteller
dinner plate

der Suppenteller
soup bowl

der Suppenlöffel
soup spoon

die Gabel
fork

die Serviette
napkin

das Gedeck
place setting

der Löffel
spoon

das Messer
knife

die Küche • kitchen

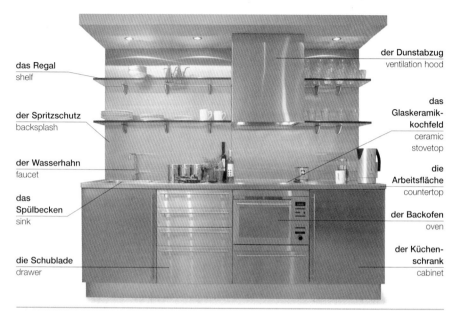

das Regal
shelf

der Spritzschutz
backsplash

der Wasserhahn
faucet

das
Spülbecken
sink

die Schublade
drawer

der Dunstabzug
ventilation hood

das
Glaskeramik-
kochfeld
ceramic
stovetop

die
Arbeitsfläche
countertop

der Backofen
oven

der Küchen-
schrank
cabinet

die Küchengeräte • appliances

die
Mixerschüssel
mixing bowl

das
Messer
blade

der Deckel
lid

die Mikrowelle
microwave oven

der
Wasserkocher
electric kettle

der Toaster
toaster

die
Küchenmaschine
food processor

der Mixer
blender

die Spülmaschine
dishwasher

das
Eisfach
ice maker

der
Kühlschrank
refrigerator

das
Gefrierfach
freezer

das
Gemüsefach
crisper

der **Gefrier-Kühlschrank** | side-by-side refrigerator

Vokabular • vocabulary

das Kochfeld stovetop	**einfrieren** freeze (v)
der Brenner burner	**auftauen** defrost (v)
das Abtropfbrett draining board	**dämpfen** steam (v)
der Mülleimer garbage can	**anbraten** sauté (v)

das Kochen • cooking

schälen
peel (v)

schneiden
slice (v)

reiben
grate (v)

gießen
pour (v)

verrühren
mix (v)

schlagen
whisk (v)

kochen
boil (v)

braten
fry (v)

ausrollen
roll (v)

rühren
stir (v)

köcheln lassen
simmer (v)

pochieren
poach (v)

backen
bake (v)

braten
roast (v)

grillen
broil (v)

die Küchengeräte • kitchenware

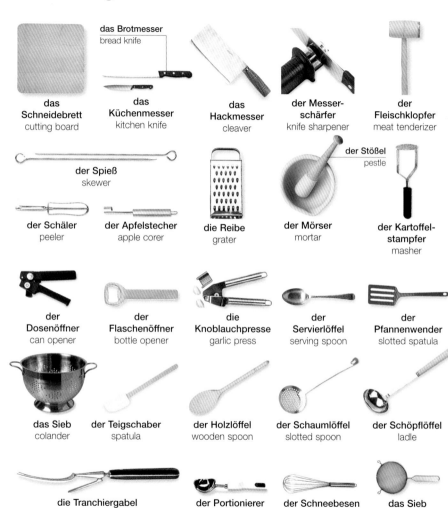

das Brotmesser
bread knife

das Schneidebrett
cutting board

das Küchenmesser
kitchen knife

das Hackmesser
cleaver

der Messerschärfer
knife sharpener

der Fleischklopfer
meat tenderizer

der Spieß
skewer

der Stößel
pestle

der Schäler
peeler

der Apfelstecher
apple corer

die Reibe
grater

der Mörser
mortar

der Kartoffelstampfer
masher

der Dosenöffner
can opener

der Flaschenöffner
bottle opener

die Knoblauchpresse
garlic press

der Servierlöffel
serving spoon

der Pfannenwender
slotted spatula

das Sieb
colander

der Teigschaber
spatula

der Holzlöffel
wooden spoon

der Schaumlöffel
slotted spoon

der Schöpflöffel
ladle

die Tranchiergabel
carving fork

der Portionierer
ice-cream scoop

der Schneebesen
whisk

das Sieb
sieve

deutsch • english

der Deckel
lid

antihaftbeschichtet
nonstick

die Bratpfanne
frying pan

der Kochtopf
saucepan

die Grillpfanne
grill pan

der Wok
wok

die Tajine
tagine

Glas-
glass

feuerfest
ovenproof

die Rührschüssel
mixing bowl

die Souffléform
soufflé dish

die Auflaufform
gratin dish

das Auflaufförmchen
ramekin

die Kasserolle
casserole dish

das Kuchenbacken • baking cakes

die Haushaltswaage
scale

der Messbecher
measuring cup

die Kuchenform
cake pan

die Biskuitform
pie pan

die Obstkuchenform
quiche pan

der Backpinsel
pastry brush

das Nudelholz
rolling pin

der Spritzbeutel
piping bag

die Muffinform
muffin pan

das Kuchenblech
cookie sheet

das Abkühlgitter
cooling rack

der Topfhandschuh
oven mitt

die Schürze
apron

das Schlafzimmer • bedroom

der Kleiderschrank
closet

die Nachttischlampe
bedside lamp

das Kopfende
headboard

der Nachttisch
nightstand

die Kommode
chest of drawers

die Schublade | **das Bett** | **die Matratze** | **die Tagesdecke** | **das Kopfkissen**
drawer | bed | mattress | bedspread | pillow

die Wärmflasche
hot-water bottle

der Radiowecker
clock radio

der Wecker
alarm clock

die Papiertaschentuchschachtel
box of tissues

der Kleiderbügel
coat hanger

die Bettwäsche • bed linen

der Kissenbezug
pillowcase

das Bettlaken
sheet

der Spiegel
mirror

der
Frisiertisch
dressing
table

die Bettdecke
comforter

die Steppdecke
quilt

der
Fußboden
floor

die Decke
blanket

Vokabular • vocabulary

das Doppelbett full bed	**das Fußende** footboard	**die Schlaflosigkeit** insomnia	**aufwachen** wake up (v)	**den Wecker stellen** set the alarm (v)
das Einzelbett twin bed	**der Sprungrahmen** bedspring	**ins Bett gehen** go to bed (v)	**aufstehen** get up (v)	**schnarchen** snore (v)
die Heizdecke electric blanket	**der Teppich** carpet	**einschlafen** go to sleep (v)	**das Bett machen** make the bed (v)	**der Einbauschrank** closet

das Badezimmer • bathroom

der Handtuchhalter
towel rack

die Duschtür
shower door

der Kaltwasserhahn
cold faucet

der Heißwasserhahn
hot faucet

der Duschkopf
shower head

das Waschbecken
sink

die Dusche
shower

der Stöpsel
plug

der Abfluss
drain

der Toilettensitz
toilet seat

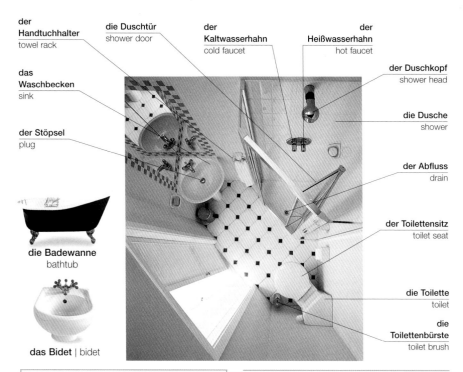

die Badewanne
bathtub

die Toilette
toilet

die Toilettenbürste
toilet brush

das Bidet | bidet

Vokabular • vocabulary

die Hausapotheke
medicine cabinet

die Bademoatte
bath mat

die Badematte
bath mat

die Rolle Toilettenpapier
toilet paper

der Duschvorhang
shower curtain

duschen
take a shower (v)

baden
take a bath (v)

die Zahnpflege • dental hygiene

die Zahnbürste
toothbrush

die Zahnseide
dental floss

die Zahnpasta
toothpaste

das Mundwasser
mouthwash

der Schwamm
sponge

der Bimsstein
pumice stone

die Rückenbürste
back brush

das Deo
deodorant

die Seifenschale
soap dish

die Seife
soap

das Duschgel
shower gel

die Gesichtscreme
face cream

das Schaumbad
bubble bath

das Handtuch
hand towel

das Badetuch
bath towel

die Handtücher
towels

die Körperlotion
body lotion

der Körperpuder
talcum powder

der Bademantel
bathrobe

das Rasieren • shaving

der Elektrorasierer
electric razor

der Rasierschaum
shaving foam

der Einwegrasierer
disposable razor

die Rasierklinge
razor blade

das Rasierwasser
aftershave

das Kinderzimmer • nursery

die Säuglingspflege • baby care

die Wundsalbe
diaper rash cream

das Feuchttuch
wet wipe

der
Schwamm
sponge

die
Wickelmatte
changing
mat

die Babywanne
baby bath

das Töpfchen
potty

der Wickeltisch
changing table

das Schlafen • sleeping

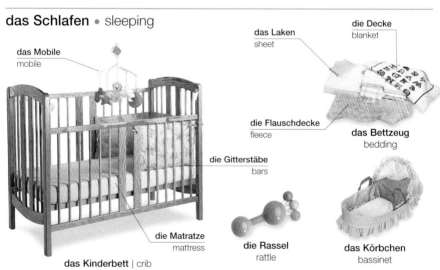

das Mobile
mobile

das Laken
sheet

die Decke
blanket

die Flauschdecke
fleece

das Bettzeug
bedding

die Gitterstäbe
bars

die Matratze
mattress

das Kinderbett | crib

die Rassel
rattle

das Körbchen
bassinet

das Spielen • playing

die Puppe
doll

das Kuscheltier
stuffed toy

das Puppenhaus
dollhouse

das Spielhaus
playhouse

die Sicherheit
safety

**die Kinder-
sicherung**
child lock

das Babyphon
baby monitor

der Teddy
teddy bear

**das
Spielzeug**
toy

der Spielzeugkorb
toy basket

der Ball
ball

der Laufstall
playpen

das Treppengitter
stair gate

das Essen
eating

der Kinderstuhl
high chair

der Sauger
nipple

**die
Babyflasche**
bottle

**die
Schnabeltasse**
sippy cup

das Ausgehen • going out

der Sportwagen
stroller

das Verdeck
hood

der Kinderwagen
baby carriage

das Tragebettchen
carrier

die Windel
diaper

die Babytasche
diaper bag

die Babytrage
baby sling

der Haushaltsraum • utility room

die Wäsche • laundry

die
schmutzige
Wäsche
dirty laundry

der Wäschekorb
laundry basket

**die
Waschmaschine**
washer

**der
Waschtrockner**
washer-dryer

der Trockner
dryer

die Wäscheleine
clothesline

das Bügeleisen
iron

die Wäsche-
klammer
clothespin

trocknen
dry (v)

das Bügelbrett | ironing board

Vokabular • vocabulary

füllen load (v)	**schleudern** spin (v)	**bügeln** iron (v)	**Wie benutze ich die Waschmaschine?** How do I operate the washing machine?
spülen rinse (v)	**die Wäscheschleuder** spin-dryer	**der Weichspüler** fabric softener	**Welches Programm nehme ich für farbige / weiße Wäsche?** What is the setting for colors / whites?

---

die Reinigungsartikel • cleaning equipment

der Saugschlauch
suction hose

der Handfeger
brush

das Kehrblech
dustpan

das Reinigungsmittel
bleach

der Eimer
bucket

das Flüssigwaschmittel
liquid

das Waschpulver
powder

das Staubtuch
dust cloth

der Staubsauger
vacuum cleaner

der Mopp
mop

das Waschmittel
detergent

die Politur
polish

die Tätigkeiten • activities

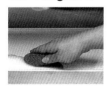

putzen
clean (v)

spülen
wash (v)

wischen
wipe (v)

schrubben
scrub (v)

kratzen
scrape (v)

der Besen
broom

fegen
sweep (v)

Staub wischen
dust (v)

polieren
polish (v)

die Heimwerkstatt • workshop

das Bohrfutter
chuck

der Bohrer
drill bit

der Akku
battery pack

die Stichsäge
jigsaw

der Akkuschrauber
cordless drill

die elektrische Bohrmaschine
electric drill

die Klebepistole
glue gun

die Zwinge
clamp

das Sägeblatt
blade

der Schraubstock
vise

die Schleifmaschine
sander

die Kreissäge
circular saw

die Werkbank
workbench

der Holzleim
wood glue

das Werkzeuggestell
tool rack

die Oberfräse
router

die Bohrwinde
bit brace

die Holzspäne
wood shavings

das Verlängerungskabel
extension cord

die Techniken • techniques

schneiden
cut (v)

sägen
saw (v)

bohren
drill (v)

hämmern
hammer (v)

hobeln
plane (v)

drechseln
turn (v)

schnitzen
carve (v)

der Lötzinn
solder

löten
solder (v)

die Materialien • materials

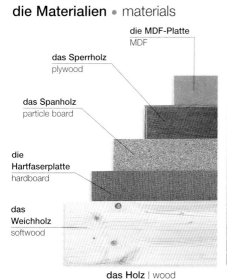

die MDF-Platte
MDF

das Sperrholz
plywood

das Spanholz
particle board

die Hartfaserplatte
hardboard

das Weichholz
softwood

das Hartholz
hardwood

der Lack
varnish

die Beize
wood stain

das Holz | wood

der Draht
wire

das Kabel
cable

der rostfreie Stahl
stainless steel

galvanisiert
galvanized

das Metall | metal

der Werkzeugkasten • toolbox

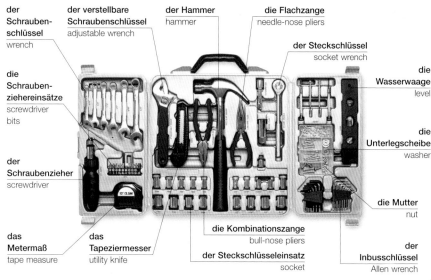

der
Schrauben-
schlüssel
wrench

der verstellbare
Schraubenschlüssel
adjustable wrench

der Hammer
hammer

die Flachzange
needle-nose pliers

der Steckschlüssel
socket wrench

die
Schrauben-
ziehereinsätze
screwdriver
bits

der
Schraubenzieher
screwdriver

das
Metermaß
tape measure

das
Tapeziermesser
utility knife

die
Wasserwaage
level

die
Unterlegscheibe
washer

die Mutter
nut

die Kombinationszange
bull-nose pliers

der Steckschlüsseleinsatz
socket

der
Inbusschlüssel
Allen wrench

die Bohrer • drill bits

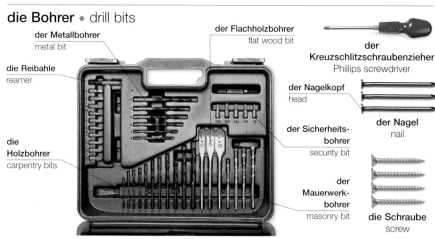

der Metallbohrer
metal bit

der Flachholzbohrer
flat wood bit

der
Kreuzschlitzschraubenzieher
Phillips screwdriver

die Reibahle
reamer

der Nagelkopf
head

die
Holzbohrer
carpentry bits

der Sicherheits-
bohrer
security bit

der Nagel
nail

der
Mauerwerk-
bohrer
masonry bit

die Schraube
screw

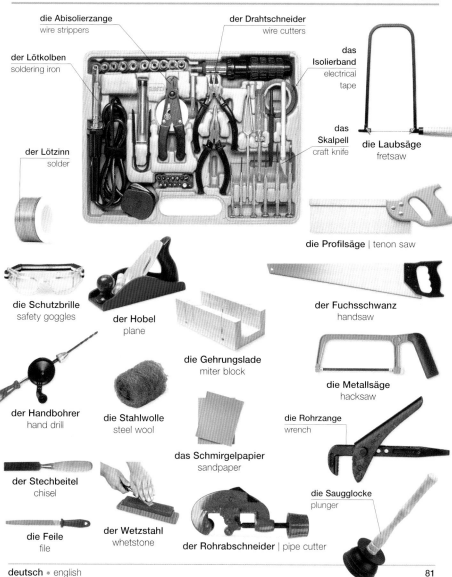

die Abisolierzange
wire strippers

der Drahtschneider
wire cutters

der Lötkolben
soldering iron

das
Isolierband
electrical
tape

das
Skalpell
craft knife

die Laubsäge
fretsaw

der Lötzinn
solder

die Profilsäge | tenon saw

die Schutzbrille
safety goggles

der Hobel
plane

die Gehrungslade
miter block

der Fuchsschwanz
handsaw

der Handbohrer
hand drill

die Stahlwolle
steel wool

das Schmirgelpapier
sandpaper

die Metallsäge
hacksaw

die Rohrzange
wrench

der Stechbeitel
chisel

die Saugglocke
plunger

die Feile
file

der Wetzstahl
whetstone

der Rohrabschneider | pipe cutter

das Tapezieren • decorating

die Tapezierschere
scissors

das Tapeziermesser
utility knife

das Senkblei
plumb line

der Spachtel
putty knife

der Raumgestalter m
die Raumgestalterin f
decorator

die Tapete
wallpaper

**die
Tapezierbürste**
wallpaper brush

**der
Tapeziertisch**
pasting table

**die
Kleisterbürste**
pasting brush

**der
Tapetenkleister**
wallpaper paste

der Eimer
bucket

tapezieren | wallpaper (v)

abziehen
strip (v)

spachteln
fill (v)

schmirgeln
sand (v)

verputzen | plaster (v)

anbringen | hang (v)

kacheln | tile (v)

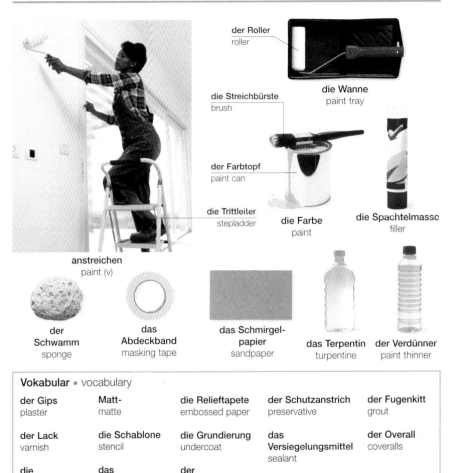

der Roller
roller

die Wanne
paint tray

die Streichbürste
brush

der Farbtopf
paint can

die Trittleiter
stepladder

die Farbe
paint

die Spachtelmasse
filler

anstreichen
paint (v)

der
Schwamm
sponge

das
Abdeckband
masking tape

das Schmirgel-
papier
sandpaper

das Terpentin
turpentine

der Verdünner
paint thinner

Vokabular · vocabulary

der Gips plaster	Matt- matte	die Relieftapete embossed paper	der Schutzanstrich preservative	der Fugenkitt grout
der Lack varnish	die Schablone stencil	die Grundierung undercoat	das Versiegelungsmittel sealant	der Overall coveralls
die Emulsionsfarbe latex paint	das Einsatzpapier lining paper	der Deckanstrich topcoat	das Lösungsmittel solvent	
Glanz- gloss	die Grundfarbe primer	das Abdecktuch drop cloth		

der Garten • garden

die Gartentypen • garden styles

der Patiogarten | patio garden

der architektonische Garten | formal garden

der Bauerngarten
cottage garden

der Kräutergarten
herb garden

der Dachgarten
roof garden

der Steingarten
rock garden

der Hof
courtyard

der Wassergarten
water garden

die Garten-ornamente
garden features

die Blumenampel
hanging basket

das Spalier
trellis

die Pergola
arbor

die Platten
paving

der Weg
path

der Kompost-
haufen
compost pile

das Tor
gate

das Blumenbeet
flowerbed

der Schuppen
shed

das Gewächshaus
greenhouse

der Rasen
lawn

der Teich
pond

der Zaun
fence

die Hecke
hedge

der Bogen
arch

der Gemüsegarten
vegetable garden

die Staudenrabatte
herbaceous border

die Planken
deck

der Springbrunnen | fountain

der Boden
soil

die Erde
topsoil

der Sand
sand

der Kalk
chalk

der Schluff
silt

der Lehm
clay

die Gartenpflanzen • garden plants

die Pflanzenarten • types of plants

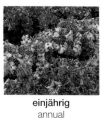

einjährig
annual

zweijährig
biennial

mehrjährig
perennial

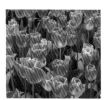

die Zwiebel
bulb

der Farn
fern

die Binse
cattail

der Bambus
bamboo

das Unkraut
weeds

das Kraut
herb

die Wasserpflanze
water plant

der Baum
tree

der Laubbaum
deciduous

die Palme
palm

der Nadelbaum
conifer

immergrün
evergreen

der Formschnitt
topiary

die Alpenpflanze
alpine

die Fettpflanze
succulent

der Kaktus
cactus

die Topfpflanze
potted plant

die Schattenpflanze
shade plant

die Kletterpflanze
climber

der Zierstrauch
flowering shrub

der Bodendecker
ground cover

die Kriechpflanze
creeper

die Zierpflanze
ornamental

das Gras
grass

die Gartengeräte • garden tools

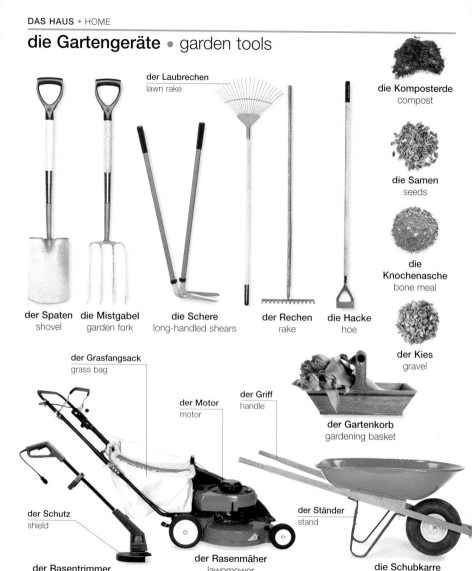

der Laubrechen
lawn rake

die Komposterde
compost

die Samen
seeds

die
Knochenasche
bone meal

der Spaten
shovel

die Mistgabel
garden fork

die Schere
long-handled shears

der Rechen
rake

die Hacke
hoe

der Kies
gravel

der Grasfangsack
grass bag

der Motor
motor

der Griff
handle

der Gartenkorb
gardening basket

der Schutz
shield

der Ständer
stand

der Rasentrimmer
trimmer

der Rasenmäher
lawnmower

die Schubkarre
wheelbarrow

die Handgabel
hand fork

die Gartenschere
pruners

die Gartenhandschuhe
gardening gloves

die Pflanzschaufel
trowel

der Zwirn
twine

die Pflanzenschildchen
labels

die Klinge
blade

der Setzkasten
seed tray

die Befestigungen
twist ties

die Ringbefestigungen
ring ties

die Gartenstöcke
canes

die Heckenschere
shears

das Sieb
sieve

das Pestizid
pesticide

die Handsäge
handsaw

der Blumentopf
plant pot

die Gummistiefel
rubber boots

Gießen • watering

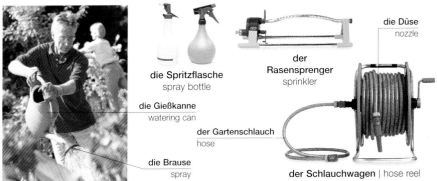

die Spritzflasche
spray bottle

der Rasensprenger
sprinkler

die Düse
nozzle

die Gießkanne
watering can

der Gartenschlauch
hose

die Brause
spray

der Schlauchwagen | hose reel

die Gartenarbeit • gardening

der Rasen
lawn

das
Blumenbeet
flowerbed

der
Rasenmäher
lawnmower

die Hecke
hedge

die Stange
stake

mähen | mow (v)

mit Rasen bedecken
sod (v)

stechen
spike (v)

harken
rake (v)

stutzen
trim (v)

graben
dig (v)

säen
sow (v)

**mit Kopfdünger
düngen**
top dress (v)

gießen
water (v)

deutsch • english

der Stock
cane

hochbinden
train (v)

ausputzen
deadhead (v)

sprühen
spray (v)

pfropfen
graft (v)

der Ableger
cutting

vermehren
propagate (v)

beschneiden
prune (v)

stützen
stake (v)

umpflanzen
transplant (v)

jäten
weed (v)

mulchen
mulch (v)

ernten
harvest (v)

Vokabular • vocabulary

züchten cultivate (v)	**gestalten** landscape (v)	**düngen** fertilize (v)	**sieben** sift (v)	**Bio-** organic	**die Entwässerung** drainage	**der Dünger** fertilizer
hegen tend (v)	**eintopfen** pot (v)	**pflücken** pick (v)	**auflockern** aerate (v)	**der Untergrund** subsoil	**der Unkrautver-nichter** weedkiller	**der Sämling** seedling

---

die Dienstleistungen
services

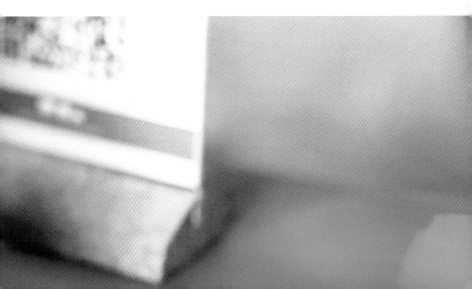

die Notdienste • emergency services

der Krankenwagen • ambulance

die Tragbahre
stretcher

der Krankenwagen
ambulance

der Rettungssanitäter *m*
die Rettungssanitäterin *f*
paramedic

die Polizei • police

die Kennmarke
badge

die Uniform
uniform

die Sirene
siren

das Licht
lights

der Gummiknüppel
nightstick

das Polizeiauto
police car

die Polizeiwache
police station

die Pistole
gun

die Handschellen
handcuffs

der Polizeibeamte *m*
die Polizeibeamtin *f*
police officer

Vokabular • vocabulary

der Kommissar *m* **die Kommissarin** *f* captain	**der Einbruchdiebstahl** burglary	**der Verdächtige** *m* **die Verdächtige** *f* suspect
der Detektiv *m* **die Detektivin** *f* detective	**die Körperverletzung** assault	**die Festnahme** arrest
die Polizeizelle cell	**die Anzeige** complaint	**die Anklage** charge
das Verbrechen crime	**die Ermittlung** investigation	**der Finger abdruck** fingerprint

die Feuerwehr • fire department

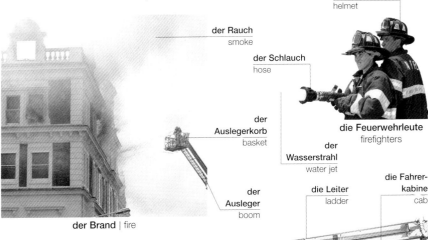

der Schutzhelm
helmet

der Rauch
smoke

der Schlauch
hose

der
Auslegerkorb
basket

die Feuerwehrleute
firefighters

der
Wasserstrahl
water jet

der
Ausleger
boom

die Leiter
ladder

die Fahrer-
kabine
cab

der Brand | fire

die Feuerwache
fire station

die Feuertreppe
fire escape

das Löschfahrzeug
fire engine

der Rauchmelder
smoke alarm

der Feuermelder
fire alarm

das Beil
ax

der
Feuerlöscher
fire extinguisher

der Hydrant
hydrant

Die Polizei / die Feuerwehr / einen Krankenwagen, bitte. I need the police / fire department / an ambulance.	**Es brennt in…** There's a fire at…	**Es ist ein Unfall passiert.** There's been an accident.	**Rufen Sie die Polizei!** Call the police!

die Bank • bank

der Schalter
window

der Bankmitarbeiter *m*
die Bankmitarbeiterin *f*
teller

der Kunde *m*
die Kundin *f*
customer

der
Schalter
counter

die EC-Karte
debit card

die Kontonummer
account number

der Betrag
amount

die Kreditkarte
credit card

das Kartenlesegerät
card reader

die Einzahlungsscheine
deposit slips

Vokabular • vocabulary

die Steuer tax	**die Hypothek** mortgage	**die Zahlung** payment	**einzahlen** deposit (v)	**das Girokonto** checking account
das Darlehen loan	**der Zinssatz** interest rate	**der Einzugsauftrag** automatic payment	**die Bankgebühr** bank charge	**das Sparkonto** savings account
die Spareinlagen savings	**die Kontoüberziehung** overdraft	**das Abhebungsformular** withdrawal slip	**die Überweisung** bank transfer	**der PIN-Code** PIN

---

die Banking-App
banking app

die Münze
coin

der Schein
bill

der Bildschirm
screen

das Tastenfeld
keypad

der Kartenschlitz
card reader

das Online-Banking
online banking

das Geld
money

der Geldautomat
ATM

die ausländische Währung
foreign currency

die Wechselstube
currency exchange

der Wechselkurs
exchange rate

die Geldwirtschaft • finance

der Aktienpreis
share price

der Aktienbroker *m*
die Aktienbrokerin *f*
stockbroker

der Finanzberater *m*
die Finanzberaterin *f*
financial advisor

die Börse | stock exchange

Vokabular • vocabulary

einlösen
cash (v)

das Portefeuille
portfolio

der Nennwert
denomination

das Eigenkapital
equity

die Provision
commission

die Kapitalanlage
investment

die Wertpapiere
stocks

die digitale Währung
digital currency

die Aktien
shares

der Buchhalter *m*
die Buchhalterin *f*
accountant

die Gewinnanteile
dividends

Könnte ich das bitte wechseln?
Can I change this, please?

Wie ist der heutige Wechselkurs?
What's today's exchange rate?

die Kommunikation • communications

der Postmitarbeiter *m*
die Postmitarbeiterin *f*
postal worker

der Schalter
window

die Waage
scale

der Schalter
counter

die Post | post office

der Poststempel
postmark

die Briefmarke
stamp

die Postleitzahl
zip code

die Adresse
address

der Umschlag | envelope

der Postbote *m*
die Postbotin *f*
mail carrier

Vokabular • vocabulary

der Brief letter	**die Unterschrift** signature	**zerbrechlich** fragile
per Luftpost by airmail	**die Leerung** pickup	**der Postsack** mailbag
das Einschreiben registered mail	**die Zustellung** delivery	**nicht falten** do not bend (v)
der Absender return address	**die Portokosten** postage	**oben** this way up

der Briefkasten
mailbox

der Hausbriefkasten
letter slot

das Paket
package

der Kurier *m*
die Kurierin *f*
courier

das Telefon • telephone

der Hörer
handset

der Anrufbeantworter
answering machine

die App
app

die Basisstation
base station

das Tastenfeld
keypad

das schnurlose Telefon
cordless phone

das Smartphone
smartphone

Vokabular • vocabulary

das WLAN Wi-Fi	**die Sprachmitteilung** voice message	**das Handy** cell phone	**Können Sie mir die Nummer für… geben?** Can you give me the number for… ?
wählen dial (v)	**besetzt** busy	**das Passwort** passcode	**Was ist die Vorwahl für… ?** What is the area code for… ?
abheben answer (v)	**unterbrochen** disconnected	**die mobilen Daten** mobile data	**Schick mir eine SMS!** Text me!
die SMS text (SMS)		**das Roaming** data roaming	

---

deutsch • english　　　　99

das Hotel • hotel

die Empfangshalle • lobby

der Gast *m*
die Gästin *f*
guest

die Schlüsselkarte
key card

der Rezeptionist *m*
die Rezeptionistin *f*
receptionist

der Schalter
counter

der Empfang | reception

das Gepäck
luggage

der Kofferkuli
cart

der Hotelpage *m*
die Pförtnerin *f*
porter

der Fahrstuhl
elevator

die Zimmernummer
room number

die Zimmer • rooms

das Einzelzimmer
single room

das Doppelzimmer
double room

das Zweibettzimmer
twin room

das Privatbadezimmer
private bathroom

die Dienstleistungen • services

die Zimmerreinigung
maid service

der Wäschedienst
laundry service

das Frühstückstablett
breakfast tray

der Zimmerservice | room service

die Minibar
minibar

das Restaurant
restaurant

der Fitnessraum
gym

das Schwimmbad
swimming pool

Vokabular • vocabulary

die Vollpension
all meals included

die Halbpension
some meals included

**die Übernachtung
mit Frühstück**
bed and breakfast

Haben Sie ein Zimmer frei?
Do you have any vacancies?

**Ich habe ein
Zimmer reserviert.**
I have a reservation.

Ich möchte ein Einzelzimmer.
I'd like a single room.

**Ich möchte ein Zimmer für
drei Nächte.**
I'd like a room for three nights.

Was kostet das Zimmer pro Nacht?
What is the charge per night?

**Wann muss ich das
Zimmer räumen?**
When do I have to check out?

der Einkauf
shopping

das Einkaufszentrum • shopping center

das Atrium
atrium

die
zweite Etage
third floor

die erste Etage
second floor

der Kunde *m*
die Kundin *f*
customer

die Rolltreppe
escalator

das
Erdgeschoss
ground floor

Vokabular • vocabulary

die Schuhabteilung
shoe department

die Kinderabteilung
children's department

die Gepäckabteilung
luggage department

die Anzeigetafel
store directory

der Verkäufer *m*
die Verkäuferin *f*
salesclerk

der Kundendienst
customer services

die Anprobe
fitting rooms

die Toiletten
restroom

der Wickelraum
baby changing room

Was kostet das?
How much is this?

**Kann ich das
umtauschen?**
May I exchange this?

das Kaufhaus • department store

die Herrenbekleidung
menswear

die Damenoberbekleidung
womenswear

die Damenwäsche
lingerie

die Parfümerie
perfumes

die Schönheitspflege
cosmetics

die Haushaltswäsche
linens

die Möbel
home furnishings

die Kurzwaren
notions

die Küchengeräte
kitchenware

das Porzellan
china

die Elektroartikel
electronics

die Lampen
lighting

die Sportartikel
sportswear

die Spielwaren
toys

die Schreibwaren
stationery

die Lebensmittelabteilung
groceries

der Supermarkt • supermarket

der Kunde *m*
die Kundin *f*
customer

der Kassierer *m*
die Kassiererin *f*
checker

der Gang
aisle

das
Warenregal
shelf

die
Angebote
specials

die Kasse | checkout

die Einkaufstasche
shopping bag

die Kasse
cash
register

das Laufband
conveyor belt

die
Lebensmittel
groceries

der Henkel
handle

780863 185779

der Strichcode
bar code

der Einkaufswagen
grocery cart

der Einkaufskorb
basket

der Scanner
. scanner

die Backwaren
bakery

die Milchprodukte
dairy

die Getreideflocken
breakfast cereals

die Konserven
canned food

die Süßwaren
candy

das Gemüse
vegetables

das Obst
fruit

das Fleisch und das Geflügel
meat and poultry

der Fisch
fish

die Feinkost
deli

die Tiefkühlkost
frozen food

die Fertiggerichte
prepared food

die Getränke
drinks

die Haushaltswaren
household products

die Toilettenartikel
toiletries

die Babyprodukte
baby products

die Elektroartikel
electrical goods

das Tierfutter
pet food

die Zeitschriften | magazines

die Apotheke • drugstore

die Zahnpflege
dental care

die Monats-
hygiene
feminine
hygiene

die Deos
deodorants

die
Vitamintabletten
vitamins

die Arzneiausgabe
pharmacy

der Apotheker *m*
die Apothekerin *f*
pharmacist

das
Hustenmedikament
cough medicine

die Kräuterheilmittel
herbal remedies

die Hautpflege
skin care

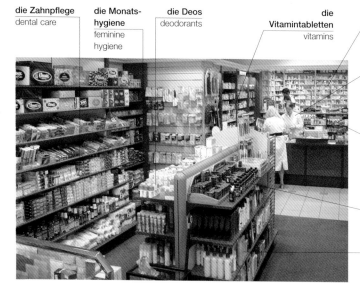

die After-
Sun-Lotion
aftersun
lotion

die Sonnenschutzcreme
sunscreen

der Sonnenblock
sunblock

das
Insektenschutzmittel
insect repellent

das Reinigungstuch
wet wipe

das Papiertaschentuch
tissue

die Damenbinde
sanitary napkin

der Tampon
tampon

die Slipeinlage
panty liner

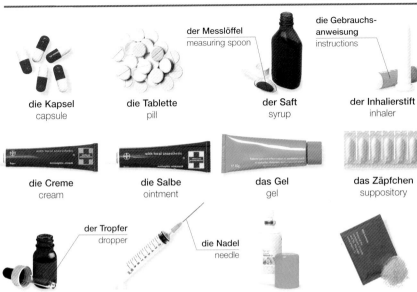

der Messlöffel
measuring spoon

die Gebrauchs-anweisung
instructions

die Kapsel
capsule

die Tablette
pill

der Saft
syrup

der Inhalierstift
inhaler

die Creme
cream

die Salbe
ointment

das Gel
gel

das Zäpfchen
suppository

der Tropfer
dropper

die Nadel
needle

die Tropfen
drops

die Spritze
syringe

das Spray
spray

der Puder
powder

Vokabular • vocabulary

das Eisen
iron

das Kalzium
calcium

das Magnesium
magnesium

das Insulin
insulin

das Multivitaminmittel
multivitamins

die Nebenwirkungen
side effects

das Verfallsdatum
expiration date

die Reisekrankheitstabletten
motion-sickness pills

Wegwerf-
disposable

löslich
soluble

die Dosierung
dosage

die Verordnung
medication

das Medikament
medicine

das Abführmittel
laxative

die OP-Maske
face mask

die Halspastille
throat lozenge

das Schmerzmittel
painkiller

das Beruhigungsmittel
sedative

die Schlaftablette
sleeping pill

der Entzündungshemmer
anti-inflammatory

das Durchfall-Medikament
diarrhea medication

---

das Blumengeschäft • florist

die Blumen
flowers

die Gladiole
gladiolus

die Lilie
lily

die Iris
iris

die Akazie
acacia

die Margerite
daisy

die
Chrysantheme
chrysanthemum

die Nelke
carnation

das
Schleierkraut
baby's breath

die Topfpflanze
potted plant

die Levkoje
stock

die Gerbera
gerbera

die Blätter
foliage

die Rose
rose

die Freesie
freesia

die
Blumenvase
vase

die Orchidee
orchid

die Pfingstrose
peony

die Blumenarrangements • arrangements

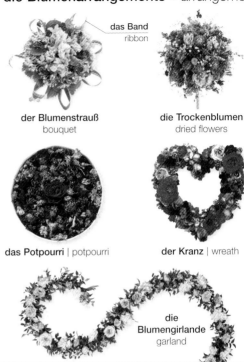

das Band
ribbon

der Blumenstrauß
bouquet

die Trockenblumen
dried flowers

das Potpourri | potpourri

der Kranz | wreath

die
Blumengirlande
garland

der Strauß
bunch

der Stängel
stem

die Osterglocke
daffodil

die Knospe
bud

**das Ein-
wickelpapier**
wrapping

die Tulpe | tulip

Vokabular • vocabulary

**Ich möchte einen
Strauß…, bitte.**
Can I have a bunch of…
please?

**Können Sie die Blumen
bitte einwickeln?**
Can I have them wrapped?

**Kann ich eine Nachricht
mitschicken?**
Can I attach a message?

Wie lange halten sie?
How long will these last?

Duften sie?
Are they fragrant?

**Können Sie die Blumen
an… schicken?**
Can you send them to…?

der Zeitungshändler • newsstand

das Päckchen
Zigaretten
pack of cigarettes

das **Feuerzeug**
lighter

der **Aschenbecher**
ashtray

die
Briefmarken
stamps

die Postkarte
postcard

das Comicheft
comic book

die Zeitschrift
magazine

die Zeitung
newspaper

das Rauchen • smoking

der Tabak
tobacco

die Zigarre
cigar

die E-Zigarette
vape

das E-Liquid
vape liquid

das Süßwarengeschäft • candy store

die Schachtel Pralinen
box of chocolates

die Nascherei
snack bar

die Chips
potato chips

Vokabular • vocabulary

die Milchschokolade
milk chocolate

die weiße Schokolade
white chocolate

die bunte Mischung
pick and mix

die Zartbitterschokolade
dark chocolate

der Karamell
caramel

der Trüffel
truffle

der Keks
cookie

die Bonbons
boiled sweets

die Süßwaren • confectionery

die Praline
chocolate

die Tafel Schokolade
chocolate bar

die Bonbons
hard candy

der Lutscher
lollipop

das Toffee
toffee

der Nugat
nougat

das Marshmallow
marshmallow

das Pfefferminz
mint

der Kaugummi
chewing gum

der Geleebonbon
jellybean

der Fruchtgummi
gum drop

die Lakritze
licorice

andere Geschäfte • other stores

die Bäckerei
bakery

die Konditorei
pastry shop

die Metzgerei
butcher shop

das Fischgeschäft
fish counter

der Gemüseladen
produce stand

**das
Lebensmittelgeschäft**
grocery store

das Schuhgeschäft
shoe store

**die Eisenwaren-
handlung**
hardware store

der Antiquitätenladen
antiques store

**der Geschenkartikel-
laden**
gift shop

das Reisebüro
travel agency

das Juweliergeschäft
jewelry store

der Buchladen
bookstore

die Weinhandlung
liquor store

die Tierhandlung
pet supplies store

das Möbelgeschäft
furniture store

die Boutique
boutique

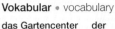

Vokabular • vocabulary

das Gartencenter garden center	**der Gebrauchtwarenhändler** secondhand store
die Reinigung dry cleaner	**die Kunsthandlung** art supply store
der Immobilienmakler real estate office	**das Feinkostgeschäft** deli
der Waschsalon laundromat	**die Schlosserei** locksmith
das Reformhaus health food store	

die Schneiderei
tailor

der Frisiersalon
salon

die Schneiderei
tailor

der Frisiersalon
salon

der Handyshop
phone store

die Schusterwerkstatt
shoe repairs

der Markt | market

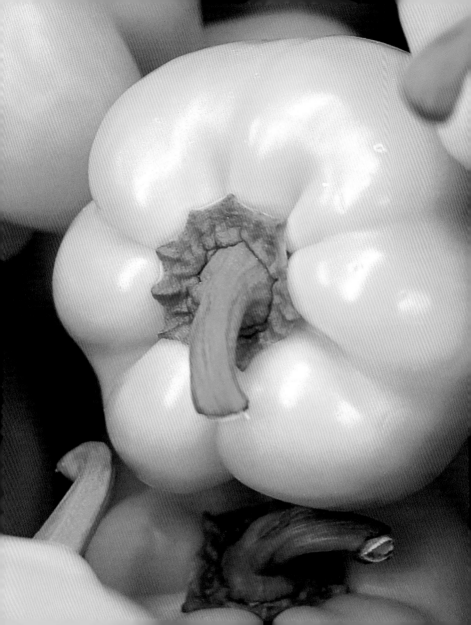

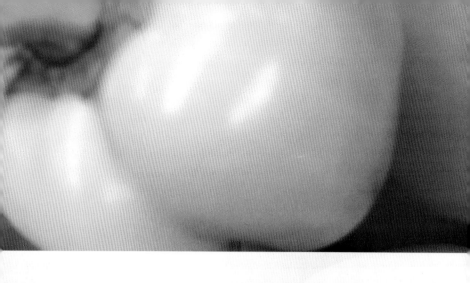

die Nahrungsmittel
food

das Fleisch • meat

das Lamm
lamb

der Metzger *m*
die Metzgerin *f*
butcher

der Fleischerhaken
meat hook

die Waage
scale

der Messerschärfer
knife sharpener

der Speck
bacon

die Würstchen
sausages

die Leber
liver

Vokabular • vocabulary

das Schweinefleisch pork	die Ziege goat	die Zunge tongue	aus Freilandhaltung free range	das magere Fleisch lean meat
das Rindfleisch beef	das Kaninchen rabbit	die Innereien variety meat	Bio- organic	der Aufschnitt cooked meat
das Kalbfleisch veal	koscher kosher	geräuchert smoked	das weiße Fleisch white meat	das Wildbret game
das Wild venison	halal halal	gepökelt cured	das rote Fleisch red meat	

die Fleischsorten • cuts

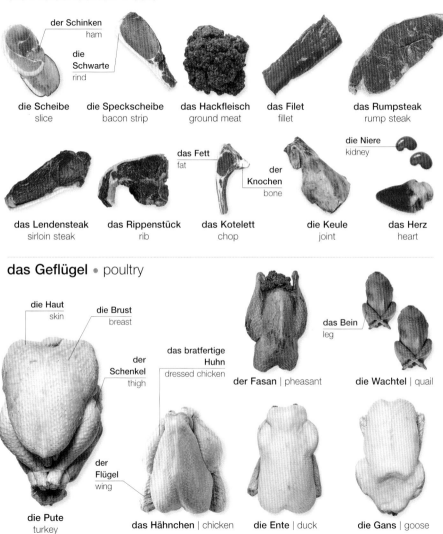

der Schinken
ham

die Schwarte
rind

die Scheibe
slice

die Speckscheibe
bacon strip

das Hackfleisch
ground meat

das Filet
fillet

das Rumpsteak
rump steak

das Fett
fat

der Knochen
bone

die Niere
kidney

das Lendensteak
sirloin steak

das Rippenstück
rib

das Kotelett
chop

die Keule
joint

das Herz
heart

das Geflügel • poultry

die Haut
skin

die Brust
breast

der Schenkel
thigh

das bratfertige Huhn
dressed chicken

das Bein
leg

der Fasan | pheasant

die Wachtel | quail

der Flügel
wing

die Pute
turkey

das Hähnchen | chicken

die Ente | duck

die Gans | goose

der Fisch • fish

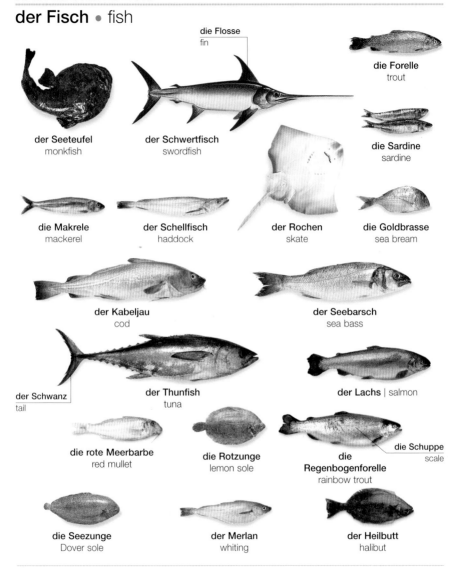

die Flosse
fin

die Forelle
trout

der Seeteufel
monkfish

der Schwertfisch
swordfish

die Sardine
sardine

die Makrele
mackerel

der Schellfisch
haddock

der Rochen
skate

die Goldbrasse
sea bream

der Kabeljau
cod

der Seebarsch
sea bass

der Schwanz
tail

der Thunfisch
tuna

der Lachs | salmon

die rote Meerbarbe
red mullet

die Rotzunge
lemon sole

die Regenbogenforelle
rainbow trout

die Schuppe
scale

die Seezunge
Dover sole

der Merlan
whiting

der Heilbutt
halibut

die Meeresfrüchte • seafood

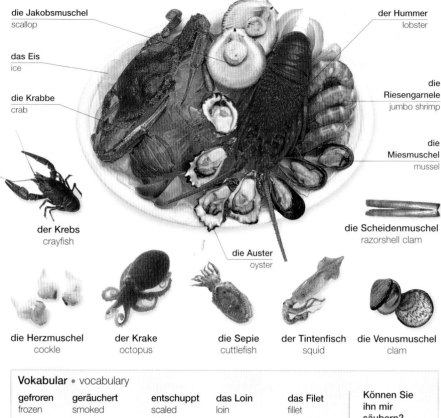

die Jakobsmuschel
scallop

das Eis
ice

die Krabbe
crab

der Hummer
lobster

die Riesengarnele
jumbo shrimp

die Miesmuschel
mussel

der Krebs
crayfish

die Scheidenmuschel
razorshell clam

die Auster
oyster

die Herzmuschel
cockle

der Krake
octopus

die Sepie
cuttlefish

der Tintenfisch
squid

die Venusmuschel
clam

Vokabular • vocabulary

gefroren frozen	**geräuchert** smoked	**entschuppt** scaled	**das Loin** loin	**das Filet** fillet	**Können Sie ihn mir säubern?** Will you clean it for me?
frisch fresh	**ausgenommen** cleaned	**entgrätet** boned	**die Gräte** bone	**die Garnele** shrimp	
gesalzen salted	**filetiert** filleted	**enthäutet** skinned	**das Steak** steak		

das Gemüse • vegetables (1)

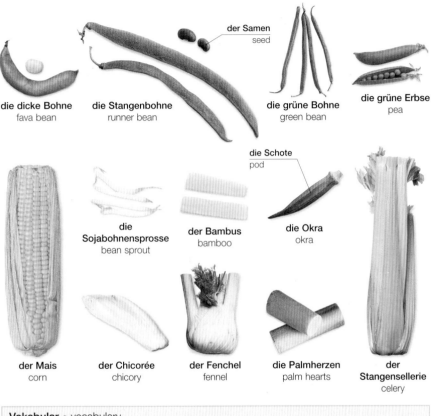

der Samen
seed

die dicke Bohne
fava bean

die Stangenbohne
runner bean

die grüne Bohne
green bean

die grüne Erbse
pea

die Schote
pod

die Sojabohnensprosse
bean sprout

der Bambus
bamboo

die Okra
okra

der Mais
corn

der Chicorée
chicory

der Fenchel
fennel

die Palmherzen
palm hearts

der Stangensellerie
celery

Vokabular • vocabulary

das Blatt leaf	**das Röschen** floret	**die Spitze** tip	**Bio-** organic	**Verkaufen Sie Biogemüse?** Do you sell organic vegetables?
der Strunk stalk	**der Kern** kernel	**das Herz** heart	**die Plastiktüte** plastic bag	**Werden sie in dieser Gegend angebaut?** Are these grown locally?

der Rucola
arugula

die Brunnenkresse
watercress

der Radicchio
radicchio

der Rosenkohl
Brussels sprout

der Mangold
Swiss chard

der Grünkohl
kale

der Gartensauerampfer
sorrel

die Endivie
endive

der Löwenzahn
dandelion

der Spinat
spinach

der Kohlrabi
kohlrabi

der Pak-Choi
bok choy

der Salat
lettuce

der Brokkoli
broccoli

der Kohl
cabbage

der Frühkohl
spring greens

das Gemüse • vegetables (2)

die Rübe
turnip

die Artischocke
artichoke

das Radieschen
radish

der Blumenkohl
cauliflower

der Spargel
asparagus

die Kartoffel
potato

der Gartenkürbis
squash

die Zwiebel
onion

die Paprika
bell pepper

die Peperoni
chili pepper

der Mais
corn

Vokabular • vocabulary

die Kirschtomate cherry tomato	**der Sellerie** celeriac	**gefroren** frozen	**bitter** bitter	**Könnte ich bitte ein Kilo Kartoffeln haben?** Can I have one kilo of potatoes, please?
die Karotte carrot	**die Tarowurzel** taro root	**roh** raw	**fest** firm	**Was kostet ein Kilo?** What's the price per kilo?
die Brotfrucht breadfruit	**der Maniok** cassava	**scharf** hot (spicy)	**das Fleisch** flesh	**Wie heißen diese?** What are those called?
die Frühkartoffel new potato	**die Wasserkastanie** water chestnut	**süß** sweet	**die Wurzel** root	

die Süßkartoffel
sweet potato

die Jamswurzel
yam

die Rote Bete
beet

die Kohlrübe
rutabaga

der Topinambur
Jerusalem
artichoke

der Meerrettich
horseradish

die Pastinake
parsnip

der Ingwer
ginger

die Aubergine
eggplant

die Tomate
tomato

die Zehe
clove

**die
Frühlingszwiebel**
scallion

der Lauch
leek

die Schalotte
shallot

der Knoblauch
garlic

die Trüffel
truffle

der Pilz
mushroom

die Gurke
cucumber

die Zucchini
zucchini

der Butternusskürbis
butternut squash

der Eichelkürbis
acorn squash

der Kürbis
pumpkin

das Obst • fruit (1)

die Zitrusfrüchte • citrus fruit

das Steinobst • stone fruit

die Orange
orange

die Klementine
clementine

die weiße Haut
pith

die Tangelo
ugli fruit

die Grapefruit
grapefruit

der Schnitz
segment

die Satsuma
satsuma

die Mandarine
tangerine

die Schale
zest

die Limone
lime

die Zitrone
lemon

die Kumquat
kumquat

der Pfirsich
peach

die Nektarine
nectarine

die Aprikose
apricot

die Pflaume
plum

die Kirsche
cherry

der Apfel
apple

die Birne
pear

der Obstkorb | basket of fruit

das Beerenobst und die Melonen • berries and melons

die Erdbeere
strawberry

die Himbeere
raspberry

die Brombeere
blackberry

die Melone
melon

die Weintrauben
grapes

die Johannisbeere
red currant

die Cranberry
cranberry

**die schwarze
Johannisbeere**
black currant

die Schale
rind

der Kern
seed

**das
Fruchtfleisch**
flesh

die Heidelbeere
blueberry

die weiße Johannisbeere
white currant

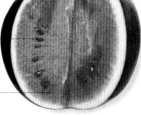

die Wassermelone
watermelon

die Loganbeere
loganberry

die Stachelbeere
gooseberry

Vokabular • vocabulary

saftig juicy	**sauer** sour	**knackig** crisp	**kernlos** seedless	**Sind sie reif?** Are they ripe?
die Faser fiber	**frisch** fresh	**verdorben** rotten	**der Saft** juice	**Könnte ich eine probieren?** Can I try one?
süß sweet	**der Rhabarber** rhubarb	**das Fruchtmark** pulp	**das Kerngehäuse** core	**Wie lange halten sie sich?** How long will they keep?

---

das Obst • fruit (2)

die Mango
mango

die Avocado
avocado

die Ananas
pineapple

der Pfirsich
peach

die Papaya
papaya

die Litschi
lychee

die Kiwi
kiwifruit

die Kapstachelbeere
Cape gooseberry

der Kern
seed

die Schale
peel

die Quitte
quince

die Passionsfrucht
passion fruit

die Banane
banana

die Guave
guava

der Granatapfel
pomegranate

die Kaki
persimmon

die Feijoa
feijoa

die Kaktusfeige
prickly pear

die Sternfrucht
starfruit

die Tamarillo
tamarillo

deutsch • english

die Nüsse und das Dörrobst • nuts and dried fruit

die Piniennuss
pine nut

die Pistazie
pistachio

die Cashewnuss
cashew

die Erdnuss
peanut

die Haselnuss
hazelnut

die Paranuss
Brazil nut

die Pecannuss
pecan

die Mandel
almond

die Walnuss
walnut

die Esskastanie
chestnut

die Macadamianuss
macadamia

die Feige
fig

die Dattel
date

die Backpflaume
prune

die Schale
shell

die Sultanine
sultana

die Rosine
raisin

die Korinthe
currant

das
Fruchtfleisch
flesh

die Kokosnuss
coconut

Vokabular • vocabulary

grün green	**weich** soft	**gesalzen** salted	**saisonal** seasonal	**die Jackfrucht** jackfruit
reif ripe	**der Kern** kernel	**roh** raw	**die Südfrüchte** tropical fruit	**geschält** shelled
hart hard	**getrocknet** desiccated	**geröstet** roasted	**die kandierten Früchte** candied fruit	**ganz** whole

die Getreidearten und die Hülsenfrüchte
grains and legumes

das Getreide • grains

der Weizen
wheat

der Hafer
oats

die Gerste
barley

die Hirse
millet

der Mais
corn

die Reismelde
quinoa

Vokabular • vocabulary		
trocken dry	**frisch** fresh	**Vollkorn-** whole-grain
die Hülse husk	**aromatisch** fragranced	**Langkorn-** long-grain
der Kern kernel	**einweichen** soak (v)	**Rundkorn-** short-grain
der Samen seed	**die Getreideflocken** cereal	**leicht zu kochen** quick cooking

der Reis • rice

der weiße Reis
white rice

der Naturreis
brown rice

der Wildreis
wild rice

der Milchreis
arborio rice

die verarbeiteten Getreidearten
processed grains

der Kuskus
couscous

der Weizenschrot
cracked wheat

der Grieß
semolina

die Kleie
bran

die Hülsenfrüchte • legumes

die Mondbohnen
butter beans

die weißen Bohnen
haricot beans

die roten Bohnen
red kidney beans

die Adzukibohnen
adzuki beans

die Saubohnen
fava beans

die Sojabohnen
soybeans

die Augenbohnen
black-eyed peas

die Pintobohnen
pinto beans

die Mungbohnen
mung beans

die französischen Bohnen
flageolet beans

die braunen Linsen
brown lentils

die roten Linsen
red lentils

die grünen Erbsen
green peas

die Kichererbsen
chickpeas

die getrockneten Erbsen
split peas

die Körner • seeds

der Kürbiskern
pumpkin seed

das Senfkorn
mustard seed

der Kümmelsamenl
caraway seed

das Sesamkorn
sesame seed

der Sonnenblumenkern
sunflower seed

die Kräuter und Gewürze • herbs and spices

die Gewürze • spices

die Vanille
vanilla

die Muskatnuss
nutmeg

die Muskatblüte
mace

die Gelbwurz
turmeric

der Kreuzkümmel
cumin

die Kräutermischung
bouquet garni

der Piment
allspice

das Pfefferkorn
peppercorn

der Bockshornklee
fenugreek

der Chili
chili powder

ganz
whole

zerstoßen
crushed

der Safran
saffron

der Kardamom
cardamom

das Currypulver
curry powder

gemahlen
ground

der Paprika
paprika

geraspelt
flakes

der Knoblauch
garlic

die Kräuter • herbs

die Stangen
sticks

der Zimt
cinnamon

**das
Zitronengras**
lemongrass

die Gewürznelke
cloves

der Sternanis
star anise

der Ingwer
ginger

der Fenchel
fennel

**die
Fenchelsamen**
fennel seeds

das Lorbeerblatt
bay leaf

die Petersilie
parsley

der Schnittlauch
chives

die Minze
mint

der Thymian
thyme

der Salbei
sage

der Estragon
tarragon

der Majoran
marjoram

das Basilikum
basil

der Rosmarin
rosemary

der Oregano
oregano

der Koriander
cilantro

der Dill
dill

die Nahrungsmittel in Flaschen und Gläsern • bottled foods

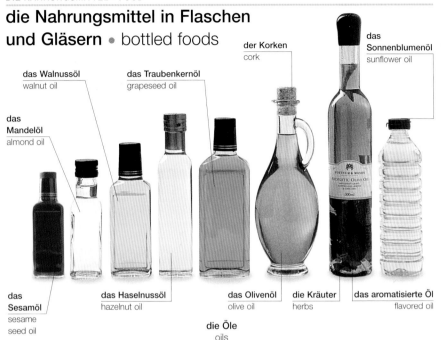

der Korken
cork

das Sonnenblumenöl
sunflower oil

das Walnussöl
walnut oil

das Traubenkernöl
grapeseed oil

das Mandelöl
almond oil

das Sesamöl
sesame seed oil

das Haselnussöl
hazelnut oil

das Olivenöl
olive oil

die Kräuter
herbs

das aromatisierte Öl
flavored oil

die Öle
oils

der süße Aufstrich • sweet spreads

das Glas
jar

der Wabenhonig
honeycomb

der feste Honig
raw honey

der Zitronenaufstrich
lemon curd

die Himbeerkonfitüre
raspberry jam

die Orangenmarmelade
marmalade

der flüssige Honig
clear honey

der Ahornsirup
maple syrup

die Soßen und die Kondimente
sauces and condiments

die Flasche
bottle

der Apfelweinessig
cider vinegar

der Gewürzessig
balsamic vinegar

der englische Senf
English mustard

der Ketchup
ketchup

der französische Senf
Dijon mustard

die Majonäse
mayonnaise

das Chutney
chutney

der Malzessig
malt vinegar

der Weinessig
wine vinegar

der Essig
vinegar

die Soße
sauce

der grobe Senf
whole-grain mustard

---

das Einmachglas
canning jar

die Erdnussbutter
peanut butter

der Schokoladenaufstrich
chocolate spread

das eingemachte Obst
preserved fruit

Vokabular • vocabulary

das Pflanzenöl vegetable oil	**das Rapsöl** canola oil
das Maiskeimöl corn oil	**das kaltgepresste Öl** cold-pressed oil
das Erdnussöl peanut oil	**die Sojasoße** soy sauce

die Milchprodukte • dairy products

der Käse • cheese

die Rinde
rind

der mittelharte Käse
semi-hard cheese

der geriebene Käse
grated cheese

der Hartkäse
hard cheese

der halbfeste Käse
semi-soft cheese

der Hüttenkäse
cottage cheese

der Rahmkäse
cream cheese

der Blauschimmelkäse
blue cheese

der Weichkäse
soft cheese

der Frischkäse | fresh cheese

die Milch • milk

die Vollmilch
whole milk

die Halbfettmilch
reduced-fat milk

die Magermilch
skim milk

die Milchtüte
milk carton

die Ziegenmilch
goat's milk

die Kondensmilch
condensed milk

die Kuhmilch | cow's milk

die Butter
butter

die Margarine
margarine

die Sahne
cream

die fettarme Sahne
half-and-half

der Doppelrahm
heavy cream

die Schlagsahne
whipped cream

die saure Sahne
sour cream

der Joghurt
yogurt

das Eis
ice cream

die Eier • eggs

das Eigelb
egg yolk

das Eiweiß
egg white

die Eierschale
shell

der Eier-becher
eggcup

das gekochte Ei | soft-boiled egg

das Hühnerei
hen's egg

das Entenei
duck egg

das Gänseei
goose egg

das Wachtelei
quail egg

Vokabular • vocabulary

pasteurisiert pasteurized	**fettfrei** fat-free	**gesalzen** salted	**der Haferdrink** oat milk	**die Buttermilch** buttermilk	**der Milchshake** milk shake
unpasteurisiert unpasteurized	**das Milchpulver** powdered milk	**ungesalzen** unsalted	**die Mandelmilch** almond milk	**die Laktose** lactose	**der gefrorene Joghurt** frozen yogurt

das Brot und das Mehl • breads and flours

der Laib
loaf

das Baguette
baguette

das Ciabatta
ciabatta

das Roggenbrot
rye bread

das Croissant
croissant

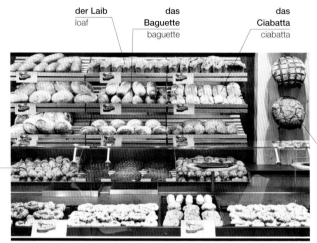

die Bäckerei | bakery

Brot backen • making bread

das Weizenmehl
white flour

das Roggenmehl
brown flour

das Vollkornmehl
whole-wheat flour

die Hefe
yeast

sieben | sift (v)

verrühren | mix (v)

der Teig
dough

kneten | knead (v)

backen | bake (v)

die Kruste
crust

das Weißbrot
white bread

das Graubrot
brown bread

das Vollkornbrot
whole-wheat bread

die Scheibe
slice

das Mehrkornbrot
multigrain bread

das Maisbrot
corn bread

das Sodabrot
soda bread

das Sauerteigbrot
sourdough bread

das Fladenbrot
flat bread

der Bagel
bagel

das weiche Brötchen
bun

das Brötchen
roll

das Rosinenbrot
fruit bread

das Körnerbrot
seeded bread

das Naanbrot
naan bread

das Pitabrot
pita bread

das Knäckebrot
crispbread

Vokabular • vocabulary

das angereicherte Mehl bread flour	**das Paniermehl** breadcrumbs	**gehen lassen** prove (v)	**aufgehen** rise (v)	**das Stangenweißbrot** flute
das Mehl mit Backpulver self-rising flour	**das Mehl ohne Backpulver** all-purpose flour	**glutenfrei** gluten-free	**der Bäcker** m **die Bäckerin** f baker	**der Brotschneider** slicer

die Kuchen und die Nachspeisen • cakes and desserts

das Eclair
éclair

die Sahne
cream

die Füllung
filling

der Brandteig
choux pastry

der Blätterteig
puff pastry

der Filoteig
phyllo dough

der englische Kuchen
fruitcake

das Obsttortelett
fruit tart

das Baiser
meringue

mit Schokolade überzogen
chocolate-covered

der Muffin
muffin

das Biskuittörtchen
sponge cake

das Gebäck | cakes

Vokabular • vocabulary

die Konditorcreme crème pâtissière	das Teilchen bun	der Teig pastry	der Milchreis rice pudding	**Könnte ich bitte ein Stück haben?** May I have a slice, please?
die Schokoladentorte chocolate cake	der Vanillepudding custard	das Stück slice	die Feier celebration	

das Schokoladen-
stückchen
chocolate chip

die Löffelbiskuits
ladyfinger

das **Trifle**
trifle

der Florentiner
Florentine

die **Kekse** | cookies

die **Mousse**
mousse

das **Sorbet**
sherbet

die **Sahnetorte**
cream pie

der **Karamellpudding**
crème caramel

die festlichen Kuchen • celebration cakes

der obere Kuchenteil
top tier

das **Band**
ribbon

die
Dekoration
decoration

die
Geburtstagskerzen
birthday candles

ausblasen
blow out (v)

der untere
Kuchenteil
bottom tier

der
Zuckerguss
frosting

das
Marzipan
marzipan

die **Hochzeitstorte** | wedding cake

der **Geburtstagskuchen** | birthday cake

die Feinkost • delicatessen

die pikante Wurst
spicy sausage

das Öl
oil

die Salami
salami

die Peperoniwurst
pepperoni

der Essig
vinegar

die Quiche
quiche

das frische Fleisch
uncooked meat

die Theke
counter

die Pastete
pâté

der Mozzarella
mozzarella

der Brie
Brie

der Ziegenkäse
goat cheese

der Cheddar
cheddar

der Parmesan
Parmesan

der Camembert
Camembert

die Rinde
rind

der Edamer
Edam

der Manchego
Manchego

die Pasteten
meat pies

die schwarze Olive
black olive

die Peperoni
chili pepper

die Soße
sauce

das Brötchen
bread roll

der Aufschnitt
cooked meat

die grüne Olive
green olive

der Schinken
ham

die Sandwichtheke
sandwich counter

der Räucherfisch
smoked fish

die Kapern
capers

der Prosciutto
prosciutto

die Chorizo
chorizo

die gefüllte Olive
stuffed olive

Vokabular • vocabulary

in Öl	**mariniert**	**geräuchert**
in oil	marinated	smoked
in Lake	**gesalzen**	**gepökelt**
in brine	salted	cured

Ziehen Sie bitte eine Nummer.
Take a number, please.

Kann ich bitte etwas davon probieren?
Can I try some of that, please?

Ich hätte gerne sechs Scheiben davon, bitte.
May I have six slices of that, please?

die Getränke • drinks

das Wasser • water

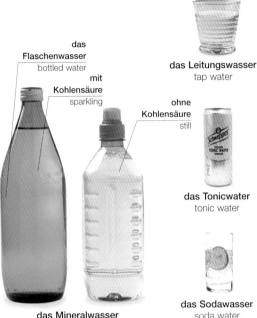

das
Flaschenwasser
bottled water

**mit
Kohlensäure**
sparkling

das Leitungswasser
tap water

**ohne
Kohlensäure**
still

das Tonicwater
tonic water

das Sodawasser
soda water

das Mineralwasser
mineral water

die Heißgetränke
hot drinks

der Teebeutel
teabag

die Teeblätter
loose-leaf tea

der Tee
tea

die Bohnen
beans

**der gemahlene
Kaffee**
ground coffee

der Kaffee
coffee

**die heiße
Schokolade**
hot chocolate

das Malzgetränk
malted malt

die alkoholfreien Getränke • soft drinks

der Strohhalm
straw

der Tomatensaft
tomato juice

der Fruchtsaft
fruit juice

die Limonade
lemonade

**die
Orangenlimonade**
orangeade

die Cola
cola

die alkoholischen Getränke • alcoholic drinks

der Gin
gin

die Dose
can

das Bier
beer

der Apfelwein
hard cider

das halbdunkle Bier
amber ale

das Starkbier
stout

der Wodka
vodka

der Whisky
whiskey

der Rum
rum

der Weinbrand
brandy

der Portwein
port

trocken
dry

der Sherry
sherry

der Sake
sake

rosé
rosé

weiß
white

rot
red

der Likör
liqueur

der Tequila
tequila

der Champagner
champagne

der Wein
wine

auswärts essen

eating out

das Café • café

die Speisekarte
menu

die Markise
awning

der
Sonnenschirm
umbrella

das Terrassencafé
patio café

die Kaffeemaschine
coffee machine

der Tisch
table

das Straßencafé | sidewalk café

die Snackbar | snack bar

---

der Kaffee • coffee

der Milchkaffee
coffee with milk

der schwarze Kaffee
black coffee

das
Kakaopulver
cocoa powder

der Schaum
froth

der Filterkaffee
filter coffee

der Espresso
espresso

der Cappuccino
cappuccino

der Eiskaffee
iced coffee

---

der Tee • tea

der Kräutertee
herbal tea

der Kamillentee
chamomile tea

der grüne Tee
green tea

der Tee mit Milch
tea with milk

der schwarze Tee
black tea

der Tee mit
Zitrone
tea with lemon

der Pfefferminztee
mint tea

der Eistee
iced tea

die Säfte und Milchshakes • juices and milkshakes

der
Schokoladenmilchshake
chocolate milkshake

der
Erdbeer-
milchshake
strawberry milkshake

der
Orangensaft
orange juice

der
Apfelsaft
apple juice

der
Ananassaft
pineapple juice

der
Tomatensaft
tomato juice

der
Kaffeemilchshake
coffee milkshake

das Essen • food

die Kugel
scoop

das Graubrot
whole-wheat bread

der getoastete Sandwich
toasted sandwich

der Salat
salad

das Eis
ice cream

das Gebäck
pastry

die Bar • bar

die Kaffeemaschine
coffee machine

der Zapfhahn
beer tap

der Bartender *m*
die Bartenderin *f*
bartender

die Kasse
cash register

die Theke
bar counter

der Untersetzer
coaster

Vokabular • vocabulary

das Maß
dispenser

der Eiskübel
ice bucket

der Aschenbecher
ashtray

der Barhocker
bar stool

der Flaschenöffner
bottle opener

die Eiszange
tongs

der Hebel
lever

der Cocktailrührer
stirrer

der Messbecher
measure

der Korkenzieher | corkscrew

der Cocktailshaker | cocktail shaker

der Krug
pitcher

der Eiswürfel
ice cube

der Gin Tonic
gin and tonic

der Scotch mit Wasser
scotch and water

der Rum mit Cola
rum and cola

der Wodka mit Orangensaft
screwdriver

der Martini
martini

der Cocktail
cocktail

der Wein
wine

das Bier | beer

doppelt
double

einfach
single

Eis und Zitrone
ice and lemon

ein Schnaps
shot

das Maß
measure

ohne Eis
without ice

mit Eis
with ice

die Knabbereien • bar snacks

die Cashewnüsse
cashews

die Erdnüsse
peanuts

die Mandeln
almonds

die Kartoffelchips | potato chips

die Nüsse | nuts

die Oliven | olives

das Restaurant • restaurant

das Gedeck
table setting

der Hilfskoch *m*
die Hilfsköchin *f*
sous chef

der Koch *m*
die Köchin *f*
chef

das Glas
glass

das Tablett
tray

die Küche
kitchen

der Kellner *m* / die Kellnerin *f*
server

Vokabular • vocabulary

die Weinkarte wine list	**à la carte** à la carte	**der Preis** price	**das Trinkgeld** tip	**das Buffet** buffet	**das Salz** salt
das Abendmenü dinner menu	**die Spezialitäten** specials	**die Rechnung** check	**Bedienung inbegriffen** service charge included	**die Bar** bar	**der Pfeffer** pepper
das Mittagsmenü lunch menu	**der Dessertwagen** dessert cart	**die Quittung** receipt	**ohne Bedienung** service charge not included	**der Gast** *m* **die Gästin** *f* customer	

---

die Speisekarte
menu

die Kinderportion
child's meal

bestellen
order (v)

bezahlen
pay (v)

die Gänge • courses

der Aperitif
apéritif

die Vorspeise
appetizer

die Suppe
soup

das Hauptgericht
entrée

die Beilage
side dish

der Nachtisch | dessert

der Kaffee | coffee

Vokabular • vocabulary

Ein Tisch für zwei Personen bitte.
A table for two, please.

Könnte ich bitte die Speisekarte / Weinkarte sehen?
Can I see the menu / wine list, please?

Gibt es ein Festpreismenü?
Is there a fixed-price menu?

Haben Sie vegetarische Gerichte?
Do you have any vegetarian dishes?

Könnte ich die Rechnung / Quittung haben?
Could I have the check / a receipt, please?

Könnten wir getrennt zahlen?
Can we pay separately?

Wo sind die Toiletten bitte?
Where is the restroom, please?

---

der Schnellimbiss • fast food

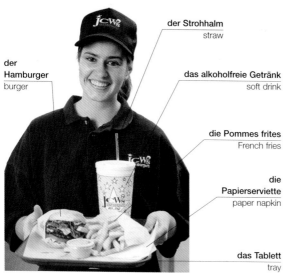

der Strohhalm
straw

der Hamburger
burger

das alkoholfreie Getränk
soft drink

die Pommes frites
French fries

die Papierserviette
paper napkin

das Tablett
tray

der Hamburger mit Pommes frites
burger meal

das Dosengetränk
canned drink

die Preisliste
price list

die Lieferung ins Haus
home delivery

der Imbissstand
street vendor

der Hamburger
hamburger

der Chickenburger
chicken sandwich

das
Brötchen
bun

der vegetarische Hamburger
veggie burger

der Senf
mustard

die Wurst
sausage

der Hotdog
hot dog

das Sandwich
sandwich

das Klubsandwich
club sandwich

die Füllung
filling

das belegte Brot
open-faced sandwich

der Wrap
wrap

die Soße
sauce

herzhaft
savory

süß
sweet

der Fleischspieß
kebab

die Hähnchenstückchen
chicken nuggets

die Crêpes | crepes

der Pizzabelag
topping

der Bratfisch mit Pommes frites
fish and chips

die Rippchen
ribs

das gebratene Hähnchen
fried chicken

die Pizza
pizza

deutsch • english

das Frühstück • breakfast

die Milch | milk

die Getreideflocken | cereal

die Konfitüre | jam

das Dörrobst | dried fruit

der Schinken | ham

der Käse | cheese

das Knäckebrot | crispbread

das Frühstücksbuffet | breakfast buffet

die Orangenmarmelade | marmalade

die Pastete | pâté

die Butter | butter

der Obstsaft | fruit juice

der Kaffee | coffee

die heiße Schokolade | hot chocolate

das Croissant | croissant

der Tee | tea

der Frühstückstisch | breakfast table

die Getränke | drinks

die Tomate
tomato

die Blutwurst
black pudding

der Toast
toast

das Würstchen
sausage

das Spiegelei
fried egg

der Frühstücks-speck
bacon

das englische Frühstück
English breakfast

die Brioche
brioche

das Brot
bread

das Eigelb
egg yolk

das Eiweiß
egg white

die Räucherheringe
kippers

die Armen Ritter
French toast

das gekochte Ei
soft-boiled egg

das Rührei
scrambled eggs

die Sahne
whipped cream

der Fruchtjoghurt
fruit yogurt

die Pfannkuchen
crepes

die Waffeln
waffles

der Haferbrei
oatmeal

das Obst
fresh fruit

die Hauptmahlzeit • dinner

die Suppe | soup

die Brühe | broth

der Eintopf | stew

das Curry | curry

der Braten
roast

die Pastete
pie

das Soufflé
soufflé

der Schaschlik
kebab

die Nudeln
noodles

die Stäbchen
chopsticks

die Fleischklöße
meatballs

das Omelett
omelet

das Pfannengericht
stir-fry

die Nudeln | pasta

der Reis
rice

der gemischte Salat
tossed salad

der grüne Salat
green salad

die Salatsoße
dressing

die Zubereitung • techniques

gefüllt | stuffed

in Soße | in sauce

gegrillt | grilled

mariniert | marinated

pochiert | poached

gestampft | mashed

gebacken | baked

kurzgebraten | pan-fried

gebraten
fried

eingelegt
pickled

geräuchert
smoked

frittiert
deep-fried

in Saft
in syrup

mit Dressing versehen
dressed

gedämpft
steamed

gepökelt
cured

das Lernen
study

die Schule • school

die Weißwandtafel
whiteboard

der Lehrer *m*
die Lehrerin *f*
teacher

die Schultasche
school backpack

das Pult
desk

das Klassenzimmer | classroom

der Schüler *m* / **die Schülerin** *f*
student

Vokabular • vocabulary

die Literatur literature	**die Kunst** art	**die Physik** physics
die Sprachen languages	**die Musik** music	**die Chemie** chemistry
die Erdkunde geography	**die Mathematik** math	**die Biologie** biology
die Geschichte history	**die Naturwissenschaft** science	**der Sport** physical education

die Aktivitäten • activities

lesen | read (v)

schreiben | write (v)

buchstabieren
spell (v)

zeichnen
draw (v)

der Digitalprojektor
digital projector

die Feder
nib

der Füller
pen

der Buntstift
colored pencil

der Anspitzer
pencil
sharpener

der Bleistift
pencil

das Heft
notebook

der Radiergummi
eraser

das Schulbuch | textbook

das Federmäppchen
pencil case

das Lineal
ruler

fragen
question (v)

antworten
answer (v)

diskutieren
discuss (v)

lernen
learn (v)

Vokabular • vocabulary

der Rektor *m* **die Rektorin** *f* principal	**Notizen machen** take notes (v)	**die Note** grade
die Stunde lesson	**die Hausaufgabe** homework	**die Klasse** year
die Frage question	**der Aufsatz** essay	**das Lexikon** encyclopedia
die Antwort answer	**die Prüfung** test	**das Wörterbuch** dictionary

die Mathematik • math

die Formen • shapes

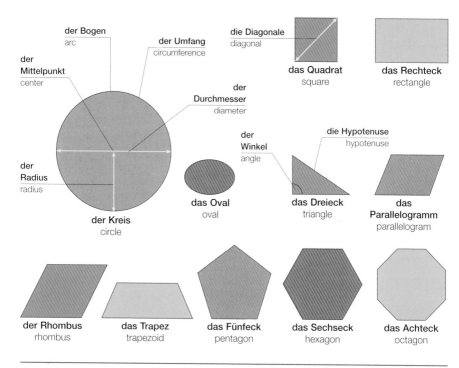

der Bogen
arc

die Diagonale
diagonal

der Umfang
circumference

der
Mittelpunkt
center

der
Durchmesser
diameter

das Quadrat
square

das Rechteck
rectangle

der
Radius
radius

der
Winkel
angle

die Hypotenuse
hypotenuse

das Oval
oval

das Dreieck
triangle

das
Parallelogramm
parallelogram

der Kreis
circle

der Rhombus
rhombus

das Trapez
trapezoid

das Fünfeck
pentagon

das Sechseck
hexagon

das Achteck
octagon

die Körper • solids

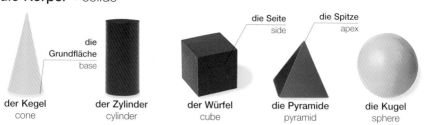

die
Grundfläche
base

die Seite
side

die Spitze
apex

der Kegel
cone

der Zylinder
cylinder

der Würfel
cube

die Pyramide
pyramid

die Kugel
sphere

die Linien • lines

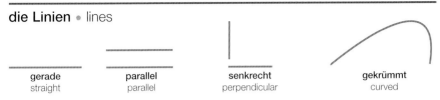

gerade	**parallel**	**senkrecht**	**gekrümmt**
straight	parallel	perpendicular	curved

die Maße • measurements

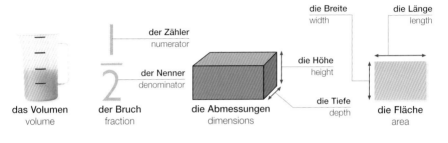

der Zähler
numerator

der Nenner
denominator

die Breite
width

die Länge
length

die Höhe
height

die Tiefe
depth

das Volumen
volume

der Bruch
fraction

die Abmessungen
dimensions

die Fläche
area

die Ausrüstung • equipment

das Zeichendreieck	**der Winkelmesser**	**das Lineal**	**der Zirkel**	**der Taschenrechner**
triangle	protractor	ruler	compass	calculator

Vokabular • vocabulary

die Geometrie	**plus**	**mal**	**gleich**	**addieren**	**multiplizieren**	**die Gleichung**
geometry	plus	times	equals	add (v)	multiply (v)	equation
die Arithmetik	**minus**	**geteilt durch**	**zählen**	**subtrahieren**	**dividieren**	**der Prozentsatz**
arithmetic	minus	divided by	count (v)	subtract (v)	divide (v)	percentage

---

die Naturwissenschaft • science

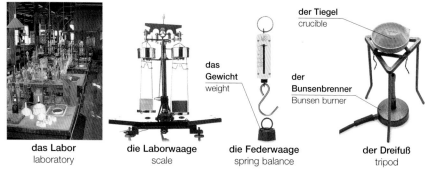

das Labor
laboratory

die Laborwaage
scale

das Gewicht
weight

die Federwaage
spring balance

der Tiegel
crucible

der Bunsenbrenner
Bunsen burner

der Dreifuß
tripod

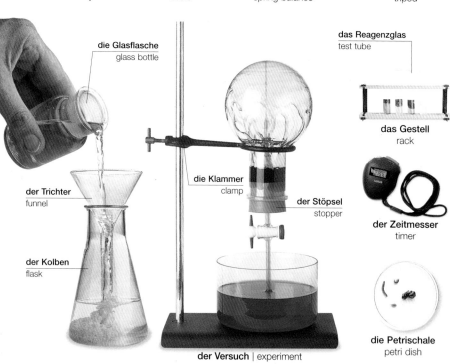

die Glasflasche
glass bottle

das Reagenzglas
test tube

das Gestell
rack

der Trichter
funnel

die Klammer
clamp

der Stöpsel
stopper

der Zeitmesser
timer

der Kolben
flask

die Petrischale
petri dish

der Versuch | experiment

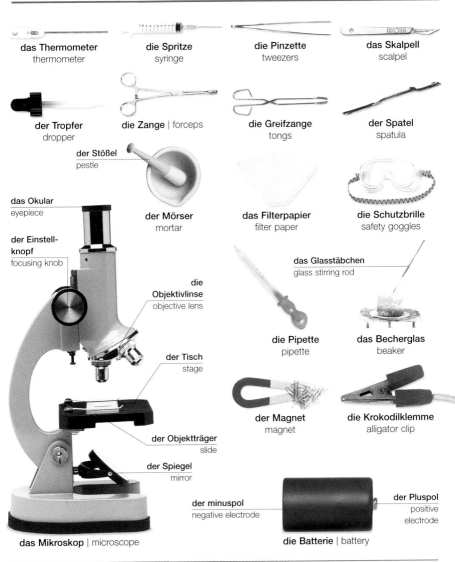

das Thermometer
thermometer

die Spritze
syringe

die Pinzette
tweezers

das Skalpell
scalpel

der Tropfer
dropper

die Zange | forceps

die Greifzange
tongs

der Spatel
spatula

der Stößel
pestle

der Mörser
mortar

das Filterpapier
filter paper

die Schutzbrille
safety goggles

das Okular
eyepiece

**der Einstell-
knopf**
focusing knob

**die
Objektivlinse**
objective lens

das Glasstäbchen
glass stirring rod

der Tisch
stage

die Pipette
pipette

das Becherglas
beaker

der Objektträger
slide

der Spiegel
mirror

der Magnet
magnet

die Krokodilklemme
alligator clip

der minuspol
negative electrode

der Pluspol
positive
electrode

das Mikroskop | microscope

die Batterie | battery

die Hochschule • college

der Sportplatz
playing field

die Mensa
cafeteria

**die Gesundheits-
fürsorge**
health center

**das
Studenten-
wohnheim**
residence hall

**das
Sekretariat**
admissions
office

der Campus | campus

der Bibliothekar *m*
die Bibliothekarin *f*
librarian

die Ausleihe
circulation
desk

Vokabular • vocabulary

der Leserausweis library card	**die Auskunft** help desk	**verlängern** renew (v)
der Lesesaal reading room	**ausleihen** borrow (v)	**das Buch** book
die Literaturliste reading list	**vorbestellen** reserve (v)	**der Titel** title
das Rückgabedatum due date	**die Ausleihe** loan	**der Gang** aisle

**das Bücher-
regal**
bookshelf

**das
Periodikum**
periodical

**die
Zeitschrift**
journal

die Bibliothek | library

---

der Dozent *m*
die Dozentin *f*
professor

der Bachelorstudent *m*
die Bachelorstudentin *f*
undergraduate

der Hochschulabsolvent *m*
die Hochschulabsolventin *f*
graduate

die Robe
gown

der Hörsaal
lecture hall

die Graduierungsfeier
graduation ceremony

die Fachhochschulen • schools

das Modell *m/f*
model

die Kunsthochschule
art school

die Musikhochschule
music school

die Tanzakademie
dance school

Vokabular • vocabulary

das Stipendium
scholarship

der Magister
master's

der Maschinenbau
engineering

die Philosophie
philosophy

das Diplom
diploma

die Promotion
doctorate

die Kunstgeschichte
art history

die Literaturwissenschaft
literature

der akademische Grad
degree

die Dissertation
thesis

die Medizin
medicine

die Politologie
political science

die Forschung
research

die Examensarbeit
dissertation

die Zoologie
zoology

die Rechtswissenschaft
law

der Masterstudent *m*
die Masterstudentin *f*
postgraduate

der Fachbereich
department

die Physik
physics

die Wirtschaftswissenschaft
economics

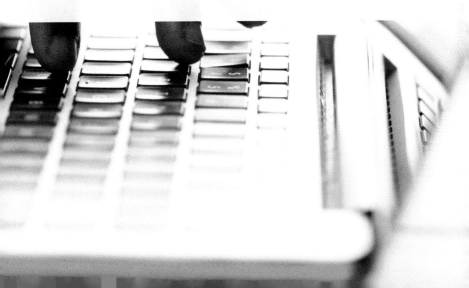

die Arbeit
work

das Büro • office (1)

der Bildschirm
monitor

der Stiftehalter
desktop organizer

der Laptop
laptop

das Notizbuch
notebook

die Ablage für Ausgänge
out-tray

die Ablage für Eingänge
in-tray

die Schublade
drawer

der Schreibtisch
desk

der Drehstuhl
swivel chair

der Papierkorb
wastebasket

der Aktenschrank
filing cabinet

die Büroausstattung • office equipment

das Papierfach
paper tray

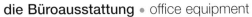

der Drucker | printer

der Aktenvernichter | shredder

Vokabular • vocabulary

drucken print (v)	vergrößern enlarge (v)
kopieren copy (v)	verkleinern reduce (v)

Ich möchte fotokopieren.
I need to make some copies.

der Bürobedarf • office supplies

der Empfehlungszettel
compliments slip

das Briefpapier
letterhead

der Briefumschlag
envelope

der Aktenordner
box file

das Klemmbrett
clipboard

der Notizblock
notepad

der Kartenreiter
tab

der Hängeordner
hanging file

der Teiler
divider

der Fächerordner
expanding file

**der
Ringordner**
binder

der Terminkalender
personal organizer

die Klammern
staples

der Hefter
stapler

der Tesafilm
tape

**der
Tesafilmhalter**
tape dispenser

der Locher
hole punch

das Stempelkissen
ink pad

der Stempel
rubber stamp

das Gummiband
rubber band

die Papierklammer
bulldog clip

die Büroklammer
paper clip

**die
Reißzwecke**
thumbtack

die Pinnward | bulletin board

das Büro • office (2)

das Flipchart
flip chart

das Gestell
easel

das
Protokoll
minutes

das Angebot
proposal

der Manager *m*
die Managerin *f*
manager

der
Bericht
report

der leitende
Angestellte *m*
die leitende
Angestellte *f*
executive

die Sitzung | meeting

Vokabular • vocabulary

der Sitzungsraum
meeting room

teilnehmen
attend (v)

die Tagesordnung
agenda

den Vorsitz führen
chair (v)

Um wieviel Uhr ist die Sitzung?
What time is the meeting?

Welche sind ihre Geschäftszeiten?
What are your office hours?

der Sprecher *m*
die Sprecherin *f*
speaker

die Präsentation | presentation

das Geschäft • business

der Geschäftsmann
businessman / businessperson

die Geschäftsfrau
businesswoman / businessperson

das Arbeitsessen
business lunch

die Geschäftsreise
business trip

der Termin
appointment

der Kunde *m*
die Kundin *f*
client

der Geschäftsführer *m*
die Geschäftsführerin *f*
CEO

der digitale Kalender | digital calendar

das Geschäftsabkommen
business deal

Vokabular • vocabulary

die Firma company	**das Personal** staff	**die Buchhaltung** accounting department	**die Rechtsabteilung** legal department
die Zentrale head office	**die Lohnliste** payroll	**die Marketingabteilung** marketing department	**die Kundendienstabteilung** customer service department
die Zweigstelle regional office	**das Gehalt** salary	**die Verkaufsabteilung** sales department	**die Personalabteilung** human resources department

der Computer • computer

der Drucker
printer

der Bildschirm
screen

der Scanner
scanner

der Laptop
laptop

die Tastatur
keyboard

die Taste
key

die Maus
mouse

der
Lautsprecher
speaker

das Bluetooth-
Headset
bluetooth headset

die Webcam
webcam

der Router
router

der Memorystick
memory stick

die externe Festplatte
external hard drive

der Akku
battery pack

das Smartphone
smartphone

das
Ladekabel
charging
cable

das Tablet
tablet

Vokabular • vocabulary

das RAM RAM	**die Software** software	**der Port** port
die Bytes bytes	**das Programm** program	**der Prozessor** processor
das System system	**das Netzwerk** network	**das Stromkabel** power cable
der Speicher memory	**der Server** server	**verbinden** connect (v)
die Hardware hardware	**die Anwendung** application	

der Desktop • desktop

die Menüleiste
menu bar

die Schriftart
font

die
Werkzeugleiste
toolbar

das Symbol
icon

das Fenster
window

die Datei
file

der Ordner
folder

der Papierkorb
trash

das Internet • internet

die Webseite
website

der Browser
browser

browsen
browse (v)

die E-Mail • email

der Posteingang
inbox

die E-Mail-Adresse
email address

Vokabular • vocabulary

installieren install (v)	**online** online	**das Passwort** password	**herunterladen** download (v)	**senden** send (v)	**speichern** save (v)
einloggen log on (v)	**der Serviceprovider** service provider	**der Cloud-Speicher** cloud storage	**der Anhang** attachment	**erhalten** receive (v)	**suchen** search (v)

die Medien • media

das Fernsehstudio • television studio

die
Studioeinrichtung
set

der Moderator *m*
die Moderatorin *f*
host

die
Beleuchtung
light

die Kamera
camera

der Kamerakran
camera crane

der Kameramann *m*
die Kamerafrau *f*
camera operator

Vokabular • vocabulary

der Kanal channel	**die Nachrichten** news	**die Presse** press	**senden** broadcast (v)	**live** live	**der Zeichentrickfilm** cartoon
die Programm-gestaltung programming	**der Dokumentarfilm** documentary	**die Fernsehserie** television series	**die Spielshow** game show	**vorher aufgezeichnet** prerecorded	**die Seifenoper** soap opera

der Interviewer *m*
die Interviewerin *f*
interviewer

der Reporter *m*
die Reporterin *f*
reporter

der Teleprompter
teleprompter

der Nachrichtensprecher *m*
die Nachrichtensprecherin *f*
anchor

die Schauspieler
actors *m/f*

der Mikrofongalgen
sound boom

die Klappe
clapper board

das Set
movie set

das Radio • radio

der Tontechniker *m*
die Tontechnikerin *f*
sound technician

das Mischpult
mixing desk

das Mikrofon
microphone

das Tonstudio | recording studio

Vokabular • vocabulary

die Sendung
broadcast

die Lautstärke
volume

die Wellenlänge
wavelength

einstellen
tune (v)

die Rundfunkstation
radio station

analog
analog

die Frequenz
frequency

digital
digital

der Radiomoderator *m*
die Radiomoderatorin *f*
DJ

das Recht • law

der Gerichtsdiener *m*
die Gerichtsdienerin *f*
bailiff

der Zeuge *m*
die Zeugin *f*
witness

der Richter *m*
die Richterin *f*
judge

der Anwalt *m*
die Anwältin *f*
lawyer

die Geschworenen
jury

die Geschworenen-bank
jury box

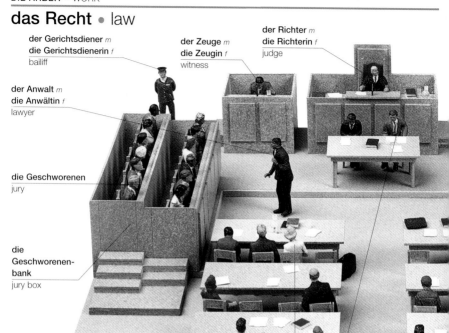

der Gerichtssaal | courtroom

die Staatsanwaltschaft
prosecution

der Gerichtsmitarbeiter *m*
die Gerichtsmitarbeiterin *f*
court clerk

Vokabular • vocabulary

das Anwaltsbüro lawyer's office	**die Vorladung** summons	**die Verfügung** writ	**das Gerichtsverfahren** court case
die Rechtsberatung legal advice	**die Aussage** statement	**der Gerichtstermin** court date	**die Anklage** charge
der Klient *m* **die Klientin** *f* client	**der Haftbefehl** warrant	**das Plädoyer** plea	**der Angeklagte** *m* **die Angeklagte** *f* accused

der Verdächtige _m_
die Verdächtige _f_
suspect

der Straftäter _m_
die Straftäterin _f_
criminal

der Gerichtsschreiber _m_
die Gerichtsschreiberin _f_
stenographer

die Verteidigung
defense

der Angeklagte _m_
die Angeklagte _f_
defendant

das Phantombild
composite sketch

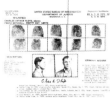

das Strafregister
criminal record

der Gefängniswärter _m_
die Gefängniswärterin _f_
prison guard

die Gefängniszelle
cell

das Gefängnis
prison

Vokabular • vocabulary

das Beweismittel evidence	**unschuldig** innocent	**die Kaution** bail	**Ich möchte mit einem Anwalt sprechen.** I want to see a lawyer.
das Urteil verdict	**freigesprochen** acquitted	**die Berufung** appeal	**Wo ist das Gericht?** Where is the courthouse?
schuldig guilty	**das Strafmaß** sentence	**die Haftentlassung auf Bewährung** parole	**Kann ich die Kaution leisten?** Can I post bail?

der Bauernhof • farm (1)

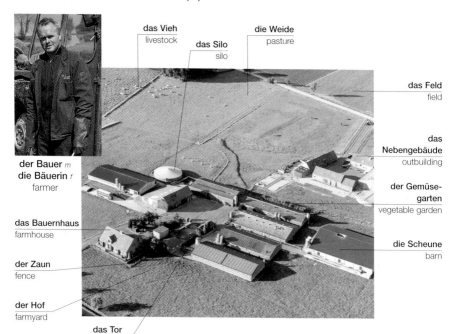

das Vieh
livestock

das Silo
silo

die Weide
pasture

das Feld
field

das Nebengebäude
outbuilding

der Gemüse-garten
vegetable garden

die Scheune
barn

der Bauer *m*
die Bäuerin *f*
farmer

das Bauernhaus
farmhouse

der Zaun
fence

der Hof
farmyard

das Tor
gate

der Traktor | tractor

der Mähdrescher | combine

die landwirtschaftlichen Betriebe • types of farms

die Feldfrucht
crop

die Herde
flock

der Ackerbaubetrieb
crop farm

**der Betrieb für
Milchproduktion**
dairy farm

die Schaffarm
sheep farm

die Hühnerfarm
poultry farm

der Weinstock
vine

die Schweinefarm
pig farm

die Fischzucht
fish farm

der Obstanbau
fruit farm

der Weinberg
vineyard

---

die Tätigkeiten • actions

die
Furche
furrow

pflügen
plow (v)

säen
sow (v)

melken
milk (v)

füttern
feed (v)

bewässern | water (v)

ernten | harvest (v)

Vokabular • vocabulary

das Herbizid herbicide	**die Herde** herd	**der Trog** trough
das Pestizid pesticide	**die Hecke** hedge	**pflanzen** plant (v)

der Bauernhof • farm (2)

die Feldfrüchte • crops

der Weizen
wheat

der Mais
corn

die Gerste
barley

der Raps
rapeseed

die Sonnenblume
sunflower

der Ballen
bale

das Heu
hay

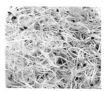

die Luzerne
alfalfa

der Tabak
tobacco

der Reis
rice

der Tee
tea

der Kaffee
coffee

der Flachs
flax

das Zuckerrohr
sugarcane

die Baumwolle
cotton

die Vogelscheuche
scarecrow

das Vieh • livestock

das Ferkel
piglet

das Schwein
pig

das Kalb
calf

die Kuh
cow

der Stier
bull

das Schaf
sheep

das Zicklein
kid

das Fohlen
foal

das Lamm
lamb

die Ziege
goat

das Pferd
horse

der Esel
donkey

das Küken
chick

das Entenküken
duckling

das Huhn
chicken

der Hahn
rooster

der Truthahn
turkey

die Ente
duck

der Stall
stable

der Pferch
pen

der Hühnerstall
chicken coop

der Schweinestall
pigsty

der Bau • construction

die **Mauer**
wall

der **Balken**
beam

das **Gerüst**
scaffolding

der **Dachsparren**
rafter

die **Palette**
pallet

die **Baustelle**
construction site

das **Fenster**
window

die **Leiter**
ladder

der **Werkzeuggürtel**
toolbelt

der **Träger**
girder

der **Schutzhelm**
hard hat

der **Zement**
cement

bauen
build (v)

der **Bauarbeiter** *m*
die **Bauarbeiterin** *f*
construction worker

die **Betonmischmaschine**
cement mixer

das Material • materials

der Ziegelstein
brick

das Bauholz
lumber

der Dachziegel
roof tile

der Baustein
cinder block

die Werkzeuge • tools

der Mörtel
mortar

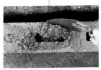

die Kelle
trowel

die Wasserwaage
level

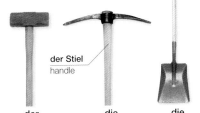

der Stiel
handle

**der
Vorschlaghammer**
sledgehammer

**die
Spitzhacke**
pickax

**die
Schaufel**
shovel

die Maschinen
machinery

die Walze
road roller

der Kipper
dump truck

die Stütze
support

**der
Haken**
hook

der Kran | crane

die Straßenarbeiten • roadwork

der Asphalt
asphalt

**der
Leitkegel**
cone

**der
Pressluftbohrer**
jackhammer

**der
Neubelag**
resurfacing

der Bagger
excavator

die Berufe • occupations (1)

der Schreiner m
die Schreinerin f
carpenter

der Elektriker m
die Elektrikerin f
electrician

der Klempner m
die Klempnerin f
plumber

der Bauarbeiter m
die Bauarbeiterin f
construction worker

der Mechaniker m
die Mechanikerin f
mechanic

der Metzger m
die Metzgerin f
butcher

der Fischer m
die Fischerin f
fisherman / fisherwoman

der Florist m
die Floristin f
florist

der Juwelier m
die Juwelierin f
jeweler

der Gärtner m
die Gärtnerin f
gardener

der Friseur / Stylist m
die Friseurin / Stylistin f
hairdresser

der Herrenfriseur m
die Herrenfriseurin f
barber

der Verkäufer m
die Verkäuferin f
salesperson

der Fahrlehrer m
die Fahrlehrerin f
driving instructor

der Staubsauger
vacuum cleaner

die Reinigungskraft m/f
cleaner

der Gutachter m
die Gutachterin f
surveyor

der Apotheker m
die Apothekerin f
pharmacist

der Optiker m
die Optikerin f
optometrist

der mundschutz
mask

der Zahnarzt m
die Zahnärztin f
dentist

der Arzt m
die Ärztin f
doctor

der Krankenpfleger m
die Krankenpflegerin f
nurse

der Tierarzt m
die Tierärztin f
veterinarian

der Physiotherapeut m
die Physiotherapeutin f
physical therapist

der Feuerwehrmann m
die Feuerwehrfrau f
firefighter

der Soldat m
die Soldatin f
soldier

der Polizeibeamte m
die Polizeibeamtin f
police officer

die
Kennmarke
badge

der Wachmann m
die Wachfrau f
security guard

der Seemann m
die Seefrau f
sailor

Vokabular • vocabulary

der Marketingleiter m
die Marketingleiterin f
marketing executive

der PR-Leiter m
die PR-Leiterin f
public relations
(PR) executive

der Webdesigner m
die Webdesignerin f
web designer

der Dolmetscher m
die Dolmetscherin f
interpreter

der Unternehmer m
die Unternehmerin f
entrepreneur

**der App-
Entwickler** m
**die App-
Entwicklerin** f
app developer

**der persönliche
Assistent** m
**die persönliche
Assistentin** f
personal assistant
(PA)

die Berufe • occupations (2)

der Anwalt *m*
die Anwältin *f*
lawyer

der Steuerberater *m*
die Steuerberaterin *f*
accountant

das Modell
model

der Architekt *m*
die Architektin *f*
architect

der Datenanalyst *m*
die Datenanalystin *f*
data analyst

der Wissenschaftler *m*
die Wissenschaftlerin *f*
scientist

der Lehrer *m*
die Lehrerin *f*
teacher

der Makler *m*
die Maklerin *f*
real estate agent

der Rezeptionist *m*
die Rezeptionistin *f*
receptionist

die
Posttasche
mailbag

der Briefträger *m*
die Briefträgerin *f*
mail carrier

der Busfahrer *m*
die Busfahrerin *f*
bus driver

der Lastwagenfahrer *m*
die Lastwagenfahrerin *f*
truck driver

der Taxifahrer *m*
die Taxifahrerin *f*
taxi driver

der Pilot *m*
die Pilotin *f*
pilot

der Flugbegleiter *m*
die Flugbegleiterin *f*
flight attendant

der Reiseberater *m*
die Reiseberaterin *f*
travel agent

die
Kochmütze
chef's hat

der Koch *m*
die Köchin *f*
chef

das Ballett-röckchen
tutu

der Musiker m
die Musikerin f
musician

der Tänzer m
die Tänzerin f
dancer

der Schauspieler m
die Schauspielerin f
actor

der Sänger m
die Sängerin f
singer

der Kellner m
die Kellnerin f
server

der Bartender m
die Bartenderin f
bartender

der Personal Trainer m
die Personal Trainerin f
personal trainer

der Bildhauer m
die Bildhauerin f
sculptor

die Notizen
notes

der Maler m
die Malerin f
painter

der Fotograf m
die Fotografin f
photographer

der Nachrichtensprecher m
die Nachrichtensprecherin f
anchor

der Journalist m
die Journalistin f
journalist

der Lektor m
die Lektorin f
editor

der Designer m
die Designerin f
designer

der Damenschneider m
die Damenschneiderin f
dressmaker

der Schneider m
die Schneiderin f
tailor

der Verkehr
transportation

die Straßen • roads

die
Unterführung
underpass

die Straßen-
markierungen
road markings

die **Ausfahrt**
off-ramp

der
Seitenstreifen
shoulder

der
Mittelstreifen
median strip

der **Verkehr**
traffic

die **mittlere
Spur**
middle lane

die **rechte Spur**
driving lane

die **Zufahrtsstraße**
on-ramp

die **Überführung**
overpass

die **Autobahn**
freeway

die **Überholspur**
passing lane

die **Verkehrsampel**
traffic light

der Fußgängerüberweg
crosswalk

der Lastwagen
truck

die Kreuzung
interchange

die Notrufsäule
emergency phone

der
Behindertenparkplatz
disabled parking

der Verkehrsstau
traffic jam

die Parkuhr
parking
meter

der Verkehrs-
polizist *m*
die Verkehrs-
polizistin *f*
traffic police officer

Vokabular • vocabulary

parken park (v)	die Umleitung detour	die Einbahnstraße one-way street
überholen pass (v)	der Kreisverkehr roundabout	die Mautstelle tollbooth
rückwärts fahren reverse (v)	die Leitplanke guardrail	
fahren drive (v)	die Straßenbaustelle roadwork	Ist dies die Straße nach… ? Is this the road to… ?
abschleppen tow away (v)	die Schnellstraße divided highway	Wo kann ich parken? Where can I park?

die Verkehrsschilder • road signs

keine Einfahrt
do not enter

die Geschwindig-
keitsbegrenzung
speed limit

Gefahr
hazard

Halten
verboten
no stopping

rechts abbiegen
verboten
no right turn

der Bus • bus

der
Fahrersitz
driver's seat

den **Haltegriff**
handrail

das Fenster
window

das Vorderrad
front wheel

das Hinterrad
rear wheel

der Gepäckraum
luggage hold

die Tür | door

der Reisebus | long-distance bus

die Bustypen • types of buses

die Liniennummer
route number

der Fahrer *m*
die Fahrerin *f*
driver

der Doppeldecker
double-decker bus

die Straßenbahn
tram

der Obus / der Trolleybus
streetcar

der Schulbus | school bus

die Automatiktür
automatic door

der Halteknopf
stop button

der Fahrschein
bus ticket

die Klingel
bell

der Busbahnhof
bus station

die
Bushaltestelle
bus stop

Vokabular • vocabulary

der Fahrpreis
fare

der Rollstuhlzugang
wheelchair access

der Fahrplan
schedule

das Wartehäuschen
bus shelter

Halten Sie am… ?
Do you stop at… ?

Welcher Bus fährt nach… ?
Which bus goes to… ?

der Kleinbus
minibus

der Zubringer | shuttle bus

der Touristenbus | tour bus

das Auto • car (1)

das Äußere • exterior

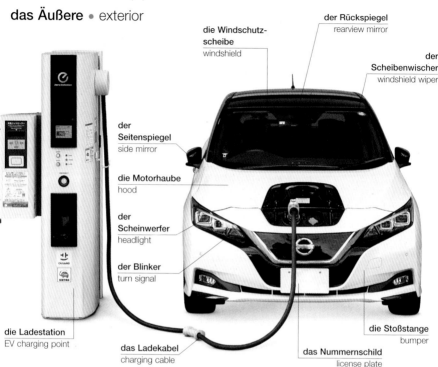

die Windschutz-
scheibe
windshield

der Rückspiegel
rearview mirror

der
Scheibenwischer
windshield wiper

der
Seitenspiegel
side mirror

die Motorhaube
hood

der
Scheinwerfer
headlight

der Blinker
turn signal

die Ladestation
EV charging point

das Ladekabel
charging cable

die Stoßstange
bumper

das Nummernschild
license plate

das Gepäck
luggage

der Dachgepäckträger
roof rack

der Kofferraum
boot

der Sicherheitsgurt
seat belt

der Kindersitz
car seat

die Wagentypen • types

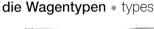

die Autotür
door

das Rad
wheel

das Elektroauto
electric car

die Fließhecklimousine
hatchback

die Limousine
sedan

der Kombiwagen
station wagon

das Cabrio
convertible

der Sportwagen
sports car

die Großraum-
limousine
minivan

der Geländewagen
four-wheel drive

der
Reifen
tire

der Oldtimer
vintage

die Stretchlimousine
limousine

die Tankstelle • gas station

der Benzinpreis
price

die Zapfsäule
gas pump

der Tankstellenplatz
entryway

Vokabular • vocabulary

das Benzin gasoline	verbleit leaded	die Autowaschanlage car wash
bleifrei unleaded	das Öl oil	das Frostschutzmittel antifreeze
die Werkstatt garage	der Diesel diesel	die Scheibenwasch- anlage windshield washer fluid

Volltanken, bitte.
Fill it up, please.

das Auto • car (2)

die Innenausstattung • interior

der Rücksitz
backseat

die Armstütze
armrest

die Kopfstütze
headrest

die Türverriegelung
door lock

der Türgriff
handle

Vokabular • vocabulary

zweitürig two-door	**viertürig** four-door	**die Zündung** ignition	**die Bremse** brake	**das Gaspedal** accelerator
dreitürig hatchback	**mit** **Handschaltung** manual	**mit** **Automatik** automatic	**die** **Kupplung** clutch	**die Klimaanlage** air-conditioning

---

Wie komme ich nach… ?
Can you tell me the way to… ?

Wo ist hier ein Parkplatz?
Where is the parking lot?

Kann ich hier parken?
Can I park here?

die Armaturen • controls

das Lenkrad
steering wheel

die Hupe
horn

das Armaturenbrett
dashboard

das Navi
GPS

die Warnlichter
hazard lights

die Linkssteuerung | left-hand drive

die Autostereoanlage
car stereo

der Drehzahlmesser
tachometer

der Tachometer
speedometer

die Kraftstoffanzeige
fuel gauge

die Temperaturanzeige
temperature gauge

der Lichtschalter
light switch

der Heizungsregler
heater controls

der Kilometerzähler
odometer

der Airbag
air bag

der Schalthebel
gearshift

die Rechtssteuerung | right-hand drive

das Auto • car (3)

die Mechanik • mechanics

der Scheiben-
putzmittelbehälter
washer fluid reservoir

der Ölmessstab
dipstick

der Luftfilter
air filter

der
Bremsflüssigkeitsbehälter
brake fluid reservoir

die
Batterie
battery

die
Karosserie
body

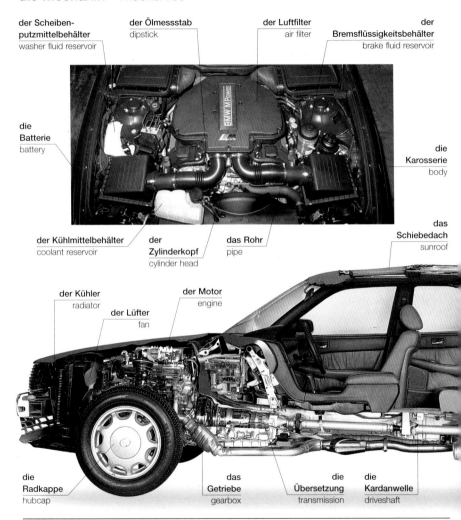

der Kühlmittelbehälter
coolant reservoir

der
Zylinderkopf
cylinder head

das Rohr
pipe

das
Schiebedach
sunroof

der Kühler
radiator

der Motor
engine

der Lüfter
fan

die
Radkappe
hubcap

das
Getriebe
gearbox

die
Übersetzung
transmission

die
Kardanwelle
driveshaft

die Reifenpanne • flat tire

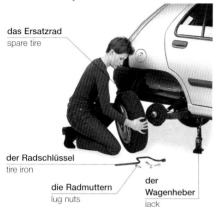

das Ersatzrad
spare tire

der Radschlüssel
tire iron

die Radmuttern
lug nuts

der Wagenheber
jack

ein Rad wechseln
change a tire (v)

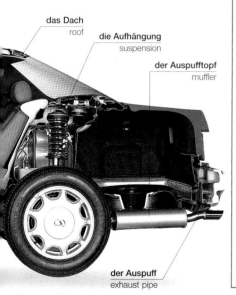

das Dach
roof

die Aufhängung
suspension

der Auspufftopf
muffler

der Auspuff
exhaust pipe

Vokabular • vocabulary

der Autounfall
car accident

die Panne
breakdown

die Versicherung
insurance

der Abschleppwagen
tow truck

der Reifendruck
tire pressure

der Sicherungskasten
fuse box

die Zündkerze
spark plug

der Keilriemen
fan belt

der Benzintank
gas tank

der Mechaniker *m*
die Mechanikerin *f*
mechanic

der Nockenriemen
cam belt

der Turbolader
turbocharger

der Verteiler
distributor

die Einstellung
timing belt

das Chassis
chassis

die Handbremse
parking brake

die Lichtmaschine
alternator

Ich habe eine Panne.
My car has broken down.

Mein Auto springt nicht an.
My car won't start.

das Motorrad • motorcycle

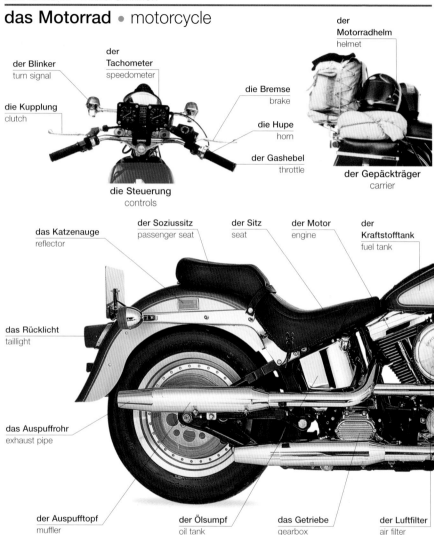

der
Motorradhelm
helmet

der Blinker
turn signal

der
Tachometer
speedometer

die Bremse
brake

die Kupplung
clutch

die Hupe
horn

der Gashebel
throttle

der Gepäckträger
carrier

die Steuerung
controls

das Katzenauge
reflector

der Soziussitz
passenger seat

der Sitz
seat

der Motor
engine

der
Kraftstofftank
fuel tank

das Rücklicht
taillight

das Auspuffrohr
exhaust pipe

der Auspufftopf
muffler

der Ölsumpf
oil tank

das Getriebe
gearbox

der Luftfilter
air filter

die Typen • types

das Visier
visor

der Lederanzug
leathers

der
Leuchtstreifen
reflector strap

der
Knieschützer
knee pad

die Kleidung | clothing

der Scheinwerfer
headlight

die
Aufhängung
suspension

das
Schutzblech
fender

das Bremspedal
brake pedal

die Achse
axle

der Reifen
tire

die Rennmaschine | racing bike

die Windschutzscheibe
windshield

der Tourer | tourer

das Geländemotorrad | dirt bike

der Motor-
radständer
stand

der Roller | scooter

das Fahrrad • bicycle

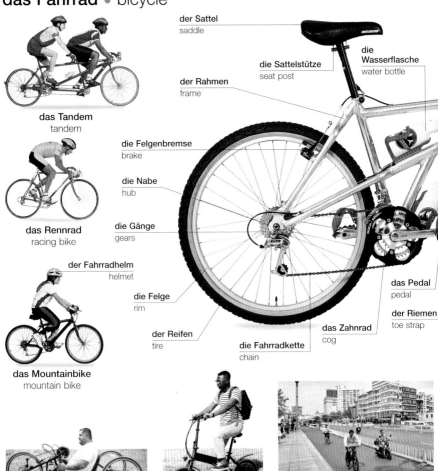

der Sattel
saddle

die Wasserflasche
water bottle

die Sattelstütze
seat post

der Rahmen
frame

das Tandem
tandem

das Rennrad
racing bike

die Felgenbremse
brake

die Nabe
hub

die Gänge
gears

der Fahrradhelm
helmet

die Felge
rim

der Reifen
tire

das Pedal
pedal

der Riemen
toe strap

das Zahnrad
cog

die Fahrradkette
chain

das Mountainbike
mountain bike

das Paracycling
paracycle

das Klapprad
folding bike

der Fahrradweg | bike lane

die Stange
crossbar

die Lenkstange
handlebar

der Schalthebel
gear lever

der Bremsgriff
brake lever

der Reifenheber
tire lever

der Flicken
patch

der Reparaturkasten | repair kit

die Gabel
fork

die Speiche
spoke

der Schlüssel
key

die Luftpumpe
pump

das Fahrradschloss
lock

das Rad
wheel

das Ventil
valve

das Reifenprofil
tread

der Schlauch
inner tube

der Kindersitz
child seat

Vokabular • vocabulary

das Rücklicht rear light	**die Stützräder** training wheels	**das Kabel** cable	**der Korb** basket	**der Rennbügel** toe clip	**Rad fahren** cycle (v)
die Fahrradlampe headlight	**der Fahrradständer** kickstand	**die Bremsbacke** brake block	**die Reifenpanne** flat tire	**treten** pedal (v)	**schalten** change gears (v)
der Rückstrahler reflector	**der Fahrradständer** bike rack	**das Kettenzahnrad** sprocket	**der Dynamo** dynamo	**bremsen** brake (v)	**das E-Bike** electric bike

der Zug • train

die
Gleisnummer
platform number

der
Bahnsteig
platform

der
Wagen
railcar

das Gleis
track

der Pendler *m*
die Pendlerin *f*
commuter

der Bahnhof | train station

die Zugtypen • types of train

der Führerstand
engineer's cab

die
Lokomotive
engine

die Schiene
rail

die Dampflokomotive
steam train

die Diesellokomotive | diesel train

die Elektrolokomotive
electric train

der Hochgeschwindigkeitszug
high-speed train

die Einschienenbahn
monorail

die U-Bahn
subway

die Straßenbahn
tram

der Güterzug
freight train

die Gepäckablage
luggage rack

das Zugfenster
window

die Tür
door

der Sitz
seat

das Abteil
compartment

der Lautsprecher
public address system

der
Fahrplan
schedule

die Fahrkarte
ticket

die Eingangssperre
ticket gates

der Speisewagen | dining car

die Bahnhofshalle | concourse

das Schlafabteil
sleeping compartment

Vokabular • vocabulary

das Bahnnetz
railroad network

der U-Bahnplan
subway map

der Fahrkartenschalter
ticket office

**die stromführende
Schiene**
live rail

der Intercity
express train

die Verspätung
delay

der Schaffner *m*
die Schaffnerin *f*
ticket inspector

das Signal
signal

die Stoßzeit
rush hour

der Fahrpreis
fare

umsteigen
transfer (v)

die Notbremse
emergency lever

---

das Flugzeug • aircraft

das Verkehrsflugzeug • airliner

der Bug nose	**das Cockpit** cockpit	**das Triebwerk** engine	**der Rumpf** fuselage	**die Tragfläche** wing	**das Heck** tail

das Seitenruder
rudder

der Ausgang
exit

das Bugfahrwerk
nosewheel

das Hauptfahrwerk
landing gear

das Seitenleitwerk
fin

das Höhenleitwerk
tailplane

die Kabine • cabin

das Gepäckfach
overhead bin

die Luftdüse
air vent

der Flugbegleiter *m*
die Flugbegleiterin *f*
flight attendant

das Fenster
window

die Leselampe
reading light

die Reihe
row

der Sitz
seat

der Klapptisch
tray table

der Gang
aisle

die Armlehne
armrest

die Rückenlehne
seat back

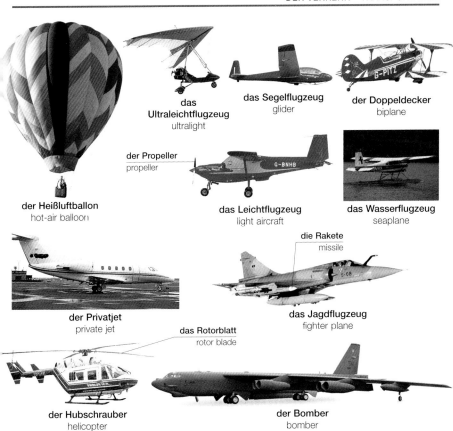

das **Ultraleichtflugzeug**
ultralight

das **Segelflugzeug**
glider

der **Doppeldecker**
biplane

der **Propeller**
propeller

der **Heißluftballon**
hot-air balloon

das **Leichtflugzeug**
light aircraft

das **Wasserflugzeug**
seaplane

die **Rakete**
missile

der **Privatjet**
private jet

das **Jagdflugzeug**
fighter plane

das **Rotorblatt**
rotor blade

der **Hubschrauber**
helicopter

der **Bomber**
bomber

Vokabular • vocabulary

der Pilot *m*	**starten**	**landen**	**die Economyclass**	**das Handgepäck**
die Pilotin *f*	take off (v)	land (v)	economy class	carry-on luggage
pilot				
	fliegen	**die Höhe**	**die Businessclass**	**der Sicherheitsgurt**
der Copilot *m*	fly (v)	altitude	business class	seat belt
die Copilotin *f*				
copilot				

der Flughafen • airport

das Vorfeld
apron

der Gepäckanhänger
baggage trailer

die Fluggastbrücke
jetway

das Versorgungsfahrzeug
service vehicle

das **Verkehrsflugzeug** | airliner

Vokabular • vocabulary

das Gepäckband baggage carousel	**die Flugnummer** flight number	**die Start- und Landebahn** runway	**der Urlaub** vacation
der Auslandsflug international flight	**das Übergepäck** excess baggage	**die Sicherheitsvorkehrungen** security	**einen Flug buchen** book a flight (v)
der Inlandsflug domestic flight	**der Zoll** customs	**die Gepäckröntgenmaschine** x-ray machine	**einchecken** check in (v)
die Flugverbindung connection	**die Grenzkontrolle** immigration	**der Urlaubsprospekt** travel brochure	**die Gepäckabgabe** baggage drop
der Kontrollturm control tower			**der Terminal** terminal

das Visum
visa

das
Handgepäck
carry-on
luggage

der Pass | passport

der Kofferkuli
cart

das Gepäck
luggage

die Bordkarte
boarding pass

der Abfertigungsschalter
check-in desk

die Passkontrolle
passport control

die Gatenummer
gate number

der Abflug
departures

die Ankunft
arrivals

das Reiseziel
destination

die Abflughalle
departure lounge

die Fluginformationsanzeige
information screen

das eGate
eGate

der Duty-free-Shop
duty-free shop

die Gepäckausgabe
baggage claim

der Taxistand
taxi stand

der Autoverleih
car rental

das Schiff • ship

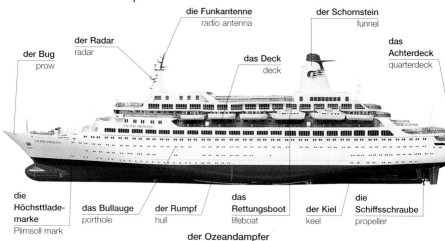

die Funkantenne
radio antenna

der Schornstein
funnel

der Radar
radar

das
Achterdeck
quarterdeck

der Bug
prow

das Deck
deck

die
Höchstlademarke
Plimsoll mark

das Bullauge
porthole

der Rumpf
hull

das
Rettungsboot
lifeboat

der Kiel
keel

die
Schiffsschraube
propeller

der Ozeandampfer
ocean liner

die Kommandobrücke
bridge

der Maschinenraum
engine room

die Kabine
cabin

die Kombüse
galley

Vokabular • vocabulary

das Dock dock	**die Ankerwinde** windlass
der Hafen port	**das Rennboot** speedboat
die Landungsbrücke gangway	**das Ruderboot** rowboat
der Anker anchor	**das Kanu** canoe
der Poller bollard	**der Kapitän** *m* **die Kapitänin** *f* captain

andere Boote • other boats

die Fähre
ferry

der
Außenbordmotor
outboard motor

das Schlauchboot
inflatable dinghy

das Tragflügelboot
hydrofoil

die Jacht
yacht

der Katamaran
catamaran

der Schleppdampfer
tugboat

das Luftkissenboot
hovercraft

das Containerschiff
container ship

das Segel
sail

das Segelboot
sailboat

der
Frachtraum
hold

das Frachtschiff
freighter

der Öltanker
oil tanker

der Flugzeugträger
aircraft carrier

das Kriegsschiff
battleship

der
Kommandoturm
conning tower

das U-Boot
submarine

der Hafen • port

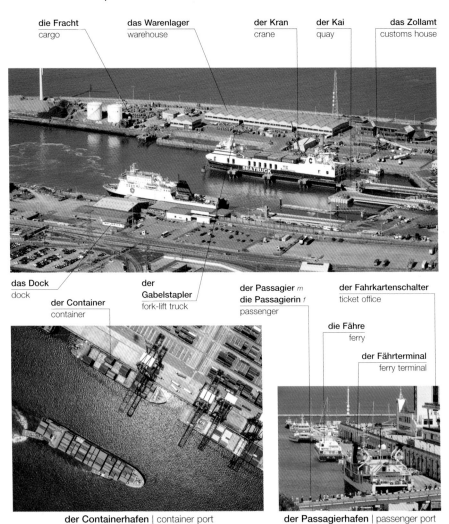

die Fracht
cargo

das Warenlager
warehouse

der Kran
crane

der Kai
quay

das Zollamt
customs house

das Dock
dock

der Container
container

der
Gabelstapler
fork-lift truck

der Passagier *m*
die Passagierin *f*
passenger

der Fahrkartenschalter
ticket office

die Fähre
ferry

der Fährterminal
ferry terminal

der Containerhafen | container port

der Passagierhafen | passenger port

das Netz
net

das Fischerboot
fishing boat

die Verankerung
mooring

der Jachthafen
marina

der Fischereihafen
fishing port

der Hafen
harbor

der Pier
pier

der Landungssteg
jetty

die Werft
shipyard

die Laterne
lamp

der Leuchtturm
lighthouse

die Boje
buoy

Vokabular • vocabulary

die Küstenwache coast guard	**festmachen** moor (v)	**an Bord gehen** board (v)
der Hafenmeister *m* **die Hafenmeisterin** *f* harbor master	**anlegen** dock (v)	**von Bord gehen** disembark (v)
das Trockendock dry dock	**den Anker werfen** drop anchor (v)	**auslaufen** set sail (v)

der Sport
sports

der Football • football

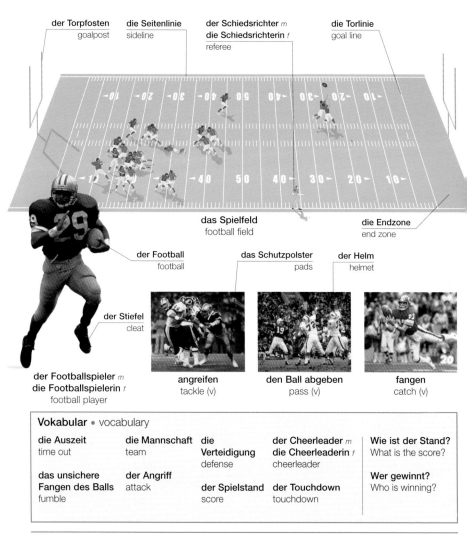

der Torpfosten	die Seitenlinie	der Schiedsrichter *m*	die Torlinie
goalpost	sideline	die Schiedsrichterin *f*	goal line
		referee	

das Spielfeld
football field

die Endzone
end zone

der Football
football

das Schutzpolster
pads

der Helm
helmet

der Stiefel
cleat

der Footballspieler *m*
die Footballspielerin *f*
football player

angreifen
tackle (v)

den Ball abgeben
pass (v)

fangen
catch (v)

Vokabular • vocabulary

die Auszeit time out	**die Mannschaft** team	**die Verteidigung** defense	**der Cheerleader** *m* **die Cheerleaderin** *f* cheerleader	**Wie ist der Stand?** What is the score?
das unsichere Fangen des Balls fumble	**der Angriff** attack	**der Spielstand** score	**der Touchdown** touchdown	**Wer gewinnt?** Who is winning?

das Rugby • rugby

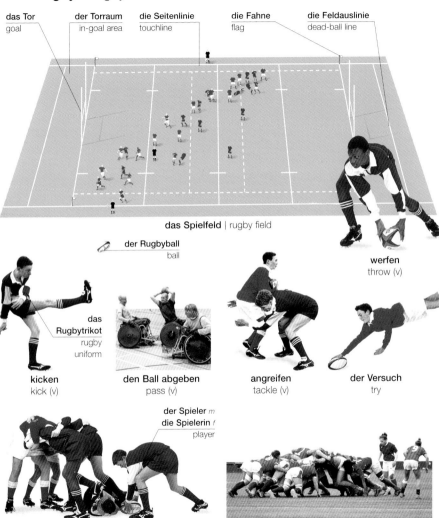

das Tor
goal

der Torraum
in-goal area

die Seitenlinie
touchline

die Fahne
flag

die Feldauslinie
dead-ball line

das Spielfeld | rugby field

der Rugbyball
ball

**das
Rugbytrikot**
rugby
uniform

werfen
throw (v)

kicken
kick (v)

den Ball abgeben
pass (v)

angreifen
tackle (v)

der Versuch
try

der Spieler *m*
die Spielerin *f*
player

das offene Gedränge | ruck

das Gedränge | scrum

der Fußball • soccer

der Fußball
soccer ball

der Mittelstürmer *m*
die Mittelstürmerin *f*
forward

der Schiedsrichter *m*
die Schiedsrichterin *f*
referee

der Mittelkreis
center circle

der Torwart *m*
die Torwartin *f*
goalkeeper

der Dress
soccer
uniform

der Fußballspieler *m*
die Fußballspielerin *f*
soccer player

das Fußballfeld
soccer field

der Torpfosten
goalpost

die Querlatte
crossbar

das Tornetz
net

dribbeln | dribble (v)

köpfen
head (v)

das Tor | goal

die Mauer
wall

der Freistoß | free kick

der Strafraum
penalty area

die Torlinie
goal line

der Torraum
goal area

das Tor
goal

der Verteidiger *m*
die Verteidigerin *f*
defender

der Linienrichter *m*
die Linienrichterin *f*
linesman

die Eckfahne
corner flag

der Einwurf
throw-in

kicken
kick (v)

der Fußballschuh
cleat

den Ball abgeben
pass (v)

schießen
shoot (v)

angreifen
tackle (v)

halten
save (v)

Vokabular • vocabulary

das Stadion stadium	**das Foul** foul	**die gelbe Karte** yellow card	**die Liga** league	**die Verlängerung** extra time
der Elfmeter penalty	**der Eckball** corner	**das Abseits** offside	**die Halbzeit** half-time	**der Ersatzspieler** *m* **die Ersatzspielerin** *f* substitute
ein Tor schießen score a goal (v)	**die rote Karte** red card	**der Platzverweis** send off	**das Unentschieden** tie	**die Auswechslung** substitution

---

deutsch • english

das Hockey • hockey

das Eishockey • ice hockey

die Verteidigungszone
defending zone

die Torlinie
goal line

die Angriffszone
attack zone

die neutrale Zone
neutral zone

der Torwart *m*
die Torwartin *f*
goalkeeper

das Tor
goal

der Anspielkreis
face-off circle

der Mittelkreis
center circle

der Handschuh
glove

das Polster
pad

die Eisfläche
ice hockey rink

der Schläger
stick

der Schlittschuh
ice skate

das Feldhockey • field hockey

der Hockeyschläger
hockey stick

der Hockeyball
ball

der Puck
puck

der Eishockeyspieler *m* / **die Eishockeyspielerin** *f*
ice hockey player

Schlittschuh laufen
skate (v)

schlagen
hit (v)

das Kricket • cricket

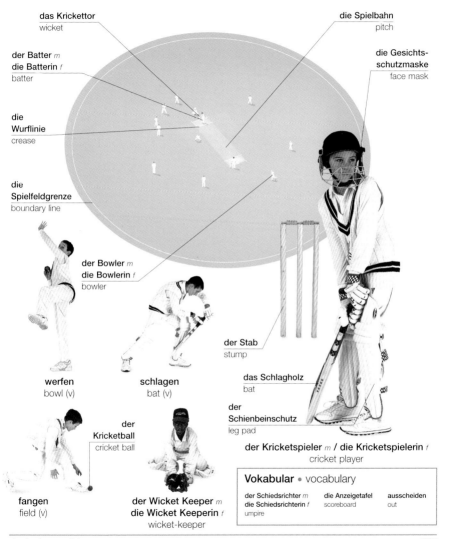

das Krickettor
wicket

die Spielbahn
pitch

der Batter *m*
die Batterin *f*
batter

die Gesichts-schutzmaske
face mask

die Wurflinie
crease

die Spielfeldgrenze
boundary line

der Bowler *m*
die Bowlerin *f*
bowler

der Stab
stump

werfen
bowl (v)

schlagen
bat (v)

das Schlagholz
bat

der Schienbeinschutz
leg pad

der Kricketspieler *m* **/ die Kricketspielerin** *f*
cricket player

der Kricketball
cricket ball

fangen
field (v)

der Wicket Keeper *m*
die Wicket Keeperin *f*
wicket-keeper

Vokabular • vocabulary

der Schiedsrichter *m*	die Anzeigetafel	ausscheiden
die Schiedsrichterin *f*	scoreboard	out
umpire		

der Basketball • basketball

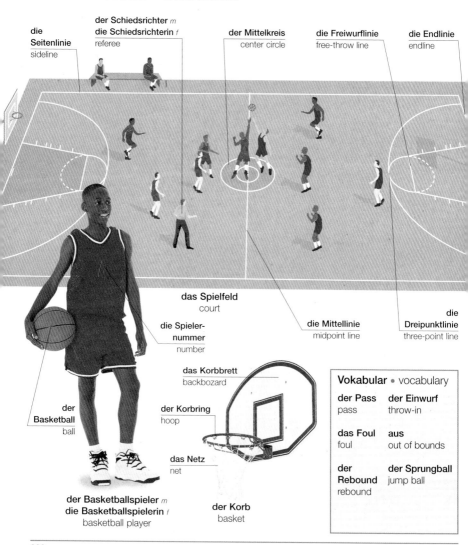

die
Seitenlinie
sideline

der Schiedsrichter *m*
die Schiedsrichterin *f*
referee

der Mittelkreis
center circle

die Freiwurflinie
free-throw line

die Endlinie
endline

das Spielfeld
court

die Spieler-
nummer
number

die Mittellinie
midpoint line

die
Dreipunktlinie
three-point line

das Korbbrett
backbozard

der Korbring
hoop

der
Basketball
ball

das Netz
net

der Basketballspieler *m*
die Basketballspielerin *f*
basketball player

der Korb
basket

Vokabular • vocabulary	
der Pass pass	**der Einwurf** throw-in
das Foul foul	**aus** out of bounds
der Rebound rebound	**der Sprungball** jump ball

die Aktionen • actions

werfen
throw (v)

fangen
catch (v)

zielen
shoot (v)

springen
jump (v)

decken
mark (v)

blocken
block (v)

aufspringen lassen
dribble (v)

einen Dunk spielen
dunk (v)

der Volleyball • volleyball

blocken
block (v)

das Netz
net

baggern
dig (v)

der Schied-srichter *m*
die Schied-srichterin *f*
referee

der Knieschützer
knee support

das Spielfeld | court

der Baseball • baseball

das Spielfeld • field

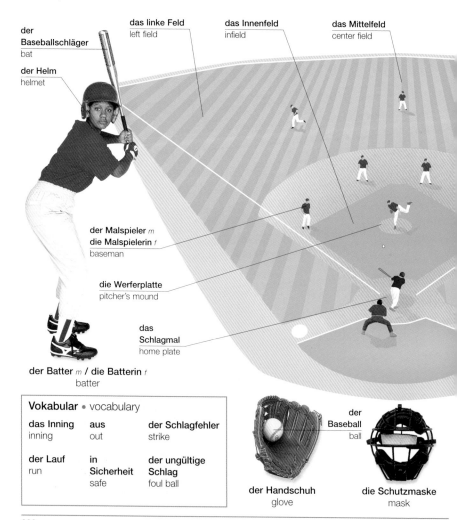

der Baseballschläger
bat

der Helm
helmet

das linke Feld
left field

das Innenfeld
infield

das Mittelfeld
center field

der Malspieler *m*
die Malspielerin *f*
baseman

die Werferplatte
pitcher's mound

das Schlagmal
home plate

der Batter *m* / die Batterin *f*
batter

der Baseball
ball

der Handschuh
glove

die Schutzmaske
mask

Vokabular • vocabulary		
das Inning inning	aus out	der Schlagfehler strike
der Lauf run	in Sicherheit safe	der ungültige Schlag foul ball

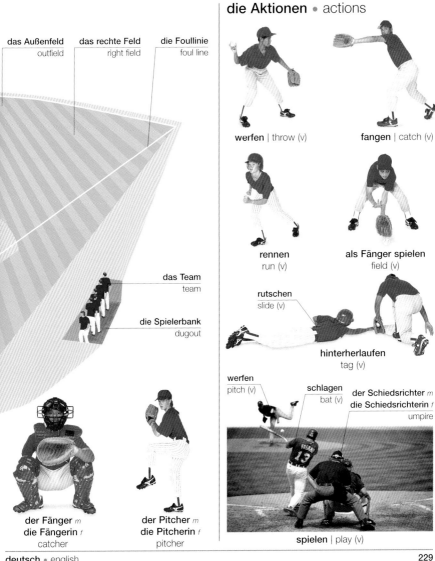

das Außenfeld
outfield

das rechte Feld
right field

die Foullinie
foul line

die Aktionen • actions

werfen | throw (v)

fangen | catch (v)

das Team
team

die Spielerbank
dugout

rennen
run (v)

als Fänger spielen
field (v)

rutschen
slide (v)

hinterherlaufen
tag (v)

werfen
pitch (v)

schlagen
bat (v)

der Schiedsrichter *m*
die Schiedsrichterin *f*
umpire

der Fänger *m*
die Fängerin *f*
catcher

der Pitcher *m*
die Pitcherin *f*
pitcher

spielen | play (v)

das Tennis • tennis

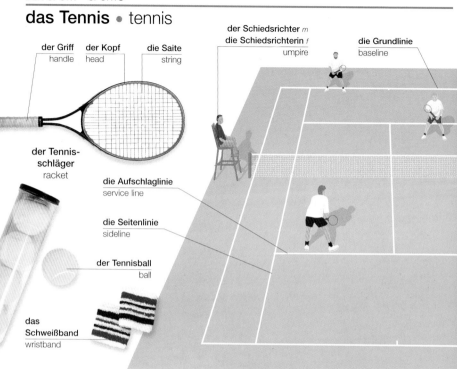

der Griff
handle

der Kopf
head

die Saite
string

der Schiedsrichter *m*
die Schiedsrichterin *f*
umpire

die Grundlinie
baseline

der Tennis-
schläger
racket

die Aufschlaglinie
service line

die Seitenlinie
sideline

der Tennisball
ball

das
Schweißband
wristband

der Tennisplatz | tennis court

Vokabular • vocabulary

das Einzel singles	**der Satz** set	**der Einstand** deuce	**der Fehler** fault	**der Slice** slice	**der Spin** spin
das Doppel doubles	**das Match** match	**der Vorteil** advantage	**das Ass** ace	**Netz!** let!	**der Linienrichter** *m* **die Linienrichterin** *f* linesman
das Spiel game	**der Tiebreak** tiebreaker	**null** love	**der Stoppball** drop shot	**der Ballwechsel** rally	**die Meisterschaft** championship

die Schläge • strokes

das Netz
net

der Schmetterball
smash

der Balljunge *m*
das Ballmädchen *f*
ball boy / ball girl

aufschlagen
serve (v)

die Tennisschuhe
tennis shoes

der Tennisspieler *m*
die Tennisspielerin *f*
player

der Aufschlag
serve

der Volley
volley

der Return
return

der Lob
lob

die Vorhand
forehand

die Rückhand
backhand

die Schlägerspiele • racket games

der Federball
shuttlecock

der Tischten-
nisschläger
paddle

das Badminton
badminton

das Tischtennis
table tennis

das Squash
squash

das Racquetball
racquetball

das Golf • golf

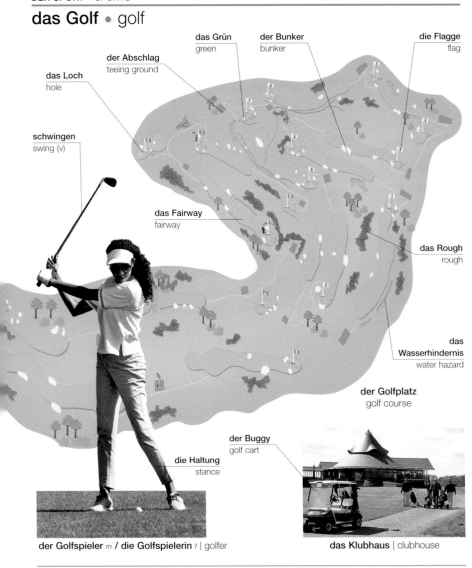

das Grün
green

der Bunker
bunker

die Flagge
flag

der Abschlag
teeing ground

das Loch
hole

schwingen
swing (v)

das Fairway
fairway

das Rough
rough

das Wasserhindernis
water hazard

der Golfplatz
golf course

der Buggy
golf cart

die Haltung
stance

der Golfspieler *m* **/ die Golfspielerin** *f* | golfer

das Klubhaus | clubhouse

die Ausrüstung • equipment

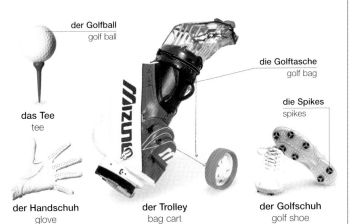

der Golfball
golf ball

die Golftasche
golf bag

die Spikes
spikes

das Tee
tee

der Handschuh
glove

der Trolley
bag cart

der Golfschuh
golf shoe

die Golf-schläger
golf clubs

das Holz
wood

der Putter
putter

das Eisen
iron

das Wedge
wedge

die Aktionen • actions

vom Abschlag
spielen
tee off (v)

driven
drive (v)

einlochen
putt (v)

chippen
chip (v)

Vokabular • vocabulary

das Par par	über Par over par	das Golfturnier tournament	der Caddie caddy	der Schlag stroke	die Spielbahn line of play
unter Par under par	das Hole-in-One hole in one	das Handicap handicap	die Zuschauer spectators	der Übungsschwung practice swing	der Durchschwung backswing

---

die Leichtathletik • track and field

die Bahn
lane

die Rennbahn
track

die Ziellinie
finish line

die Startlinie
starting line

der Sportplatz
field

der Sportler *m*
die Sportlerin *f*
athlete

der Startblock
starting blocks

der Sprinter *m*
die Sprinterin *f*
sprinter

das Diskuswerfen
discus

das Kugelstoßen
shotput

das Speerwerfen
javelin

Vokabular • vocabulary			
das Rennen race	**der Rekord** record	**das Fotofinish** photo finish	**der Stabhochsprung** pole vault
die Zeit time	**einen Rekord brechen** break a record (v)	**der Marathon** marathon	**die persönliche Bestleistung** personal best

die Stoppuhr
stopwatch

der Stab
baton

der Staffellauf
relay race

die Latte
crossbar

der Hochsprung
high jump

der Weitsprung
long jump

der Hürdenlauf
hurdles

das Turnen • gymnastics

das Sprungbrett
springboard

das Pferd
horse

der Salto
somersault

die Matte
mat

der Sprung
vault

das Bodenturnen
floor exercises

der Turner *m*
die Turnerin *f*
gymnast

der Schwebebalken
balance beam

das Gymnastikband
ribbon

das Rad
cartwheel

die rhythmische Gymnastik
rhythmic gymnastics

Vokabular • vocabulary

das Reck horizontal bar	**der Stufenbarren** asymmetric bars	**die Ringe** rings	**die Medaillen** medals	**das Silber** silver
der Barren parallel bars	**das Seitpferd** pommel horse	**das Siegerpodium** podium	**das Gold** gold	**die Bronze** bronze

---

der Kampfsport • combat sports

der Gegner *m*
die Gegnerin *f*
opponent

der Kopfschutz
guard

der Handschuh
glove

der Gürtel
belt

das Karate
karate

das Taekwondo
tae kwon do

die Maske
mask

das Judo
judo

der Säbel
sword

das Aikido
aikido

das Kendo
kendo

das Kung-Fu
kung fu

das Kickboxen
kickboxing

das Ringen
wrestling

das Boxen
boxing

die Techniken • actions

das Fallen
fall

der Griff
hold

der Wurf
throw

das Fesseln
pin

der Seitfußstoß
kick

der Stoß
punch

der Angriff
strike

der Sprung
jump

der Block
block

der Hieb
chop

Vokabular • vocabulary

der Boxring boxing ring	**die Runde** round	**die Faust** fist	**der schwarze Gürtel** black belt	**die Capoeira** capoeira
die Boxhandschuhe boxing gloves	**der Kampf** bout	**der Knock-out** knockout	**die Selbstverteidigung** self-defense	**das Sumo** sumo wrestling
der Mundschutz mouth guard	**das Sparring** sparring	**der Sandsack** punching bag	**die Kampfsportarten** martial arts	**das Thai-Chi** tai chi

der Schwimmsport • swimming

die Ausrüstung • equipment

die Nasenklemme
nose clip

**der
Schwimmflügel**
water wings

die Schwimmbrille
goggles

das Schwimmfloß
kickboard

der Badeanzug
swimsuit

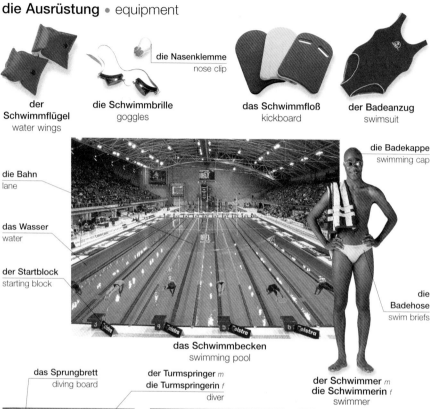

die Badekappe
swimming cap

die Bahn
lane

das Wasser
water

der Startblock
starting block

die
Badehose
swim briefs

das Schwimmbecken
swimming pool

das Sprungbrett
diving board

der Turmspringer *m*
die Turmspringerin *f*
diver

der Schwimmer *m*
die Schwimmerin *f*
swimmer

springen | dive (v)

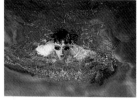

schwimmen | swim (v)

die Wende | turn

die Schwimmstile • styles

das Kraulen
front crawl

das Brustschwimmen
breaststroke

der Zug
stroke

das Rückenschwimmen | backstroke

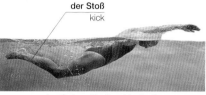

der Stoß
kick

der Schmetterling | butterfly

das Tauchen • scuba diving

die Druckluftflasche
air tank

der Taucheranzug
wetsuit

die
Tauchermaske
mask

die
Schwimmflosse
fin

der
Lungenautomat
regulator

der Bleigürtel
weight belt

der Schnorchel
snorkel

Vokabular • vocabulary

der Sprung dive	**Wasser treten** tread water (v)	**das tiefe Ende** deep end	**der Wasserball** water polo	**der Rettungsschwimmer** *m* **die Rettungsschwimmerin** *f* lifeguard	**der** **Krampf** cramp
der **Turmsprung** high dive	**der** **Startsprung** racing dive	**die** **Schließfächer** lockers	**das flache** **Ende** shallow end	**das Synchronschwimmen** synchronized swimming	**ertrinken** drown (v)

der Segelsport • sailing

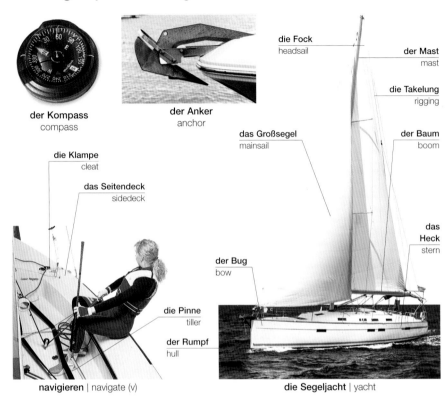

der Kompass
compass

der Anker
anchor

die Fock
headsail

der Mast
mast

die Takelung
rigging

das Großsegel
mainsail

der Baum
boom

die Klampe
cleat

das Seitendeck
sidedeck

das Heck
stern

der Bug
bow

die Pinne
tiller

der Rumpf
hull

navigieren | navigate (v)

die Segeljacht | yacht

die Sicherheit • safety

die Leuchtrakete
flare

der Rettungsring
life buoy

die Schwimmweste
life jacket

das Rettungsboot
life raft

der Wassersport • watersports

der Ruderer *m*
die Ruderin *f*
rower

das Ruder
oar

rudern | row (v)

das Kajak
kayak

das Paddel
paddle

Kajakfahren
kayaking

das Segel
sail

der Surfer *m*
die Surferin *f*
surfer

der Wasserski
ski

der Windsurfer *m*
die Windsurferin *f*
windsurfer

das Wellenreiten
surfing

das Wasserski
water-skiing

der Motorbootsport
speedboating

das Surfbrett
board

die Fußschlaufe
footstrap

das Rafting
rafting

das Jetskifahren
jet-skiing

das Windsurfing | windsurfing

Vokabular • vocabulary

die Crew crew	**der Wind** wind	**die Brandung** surf	**das Wildwasser** rapids	**das Ruder** rudder
kreuzen tack (v)	**die Welle** wave	**kentern** capsize (v)	**die Schot** sheet	**das Schwert** centerboard

der Reitsport • horseback riding

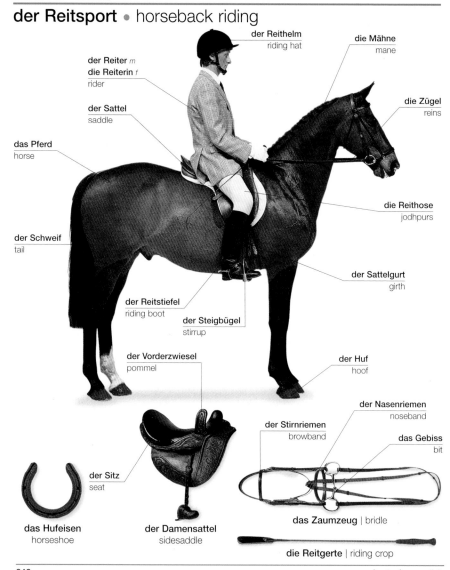

der Reithelm
riding hat

die Mähne
mane

der Reiter *m*
die Reiterin *f*
rider

die Zügel
reins

der Sattel
saddle

das Pferd
horse

die Reithose
jodhpurs

der Schweif
tail

der Sattelgurt
girth

der Reitstiefel
riding boot

der Steigbügel
stirrup

der Huf
hoof

der Vorderzwiesel
pommel

der Nasenriemen
noseband

der Stirnriemen
browband

das Gebiss
bit

der Sitz
seat

das Hufeisen
horseshoe

der Damensattel
sidesaddle

das Zaumzeug | bridle

die Reitgerte | riding crop

die Veranstaltungen • events

das Rennpferd
racehorse

das Pferderennen
horse race

das Hindernis
fence

das Jagdrennen
steeplechase

das Trabrennen
harness race

das Rodeo
rodeo

das Springreiten
showjumping

das Zweispännerrennen
carriage race

das Wanderreiten
trail riding

das Dressurreiten
dressage

das Polo
polo

Vokabular • vocabulary

der Schritt walk	**der Kanter** canter	**der Sprung** jump	**das Halfter** halter	**die Koppel** paddock	**das Flachrennen** flat race
der Trab trot	**der Galopp** gallop	**der Pferdepfleger** *m* **die Pferdepflegerin** *f* groom	**der Pferdestall** stable	**der Turnierplatz** arena	**die Rennbahn** racecourse

der Angelsport • fishing

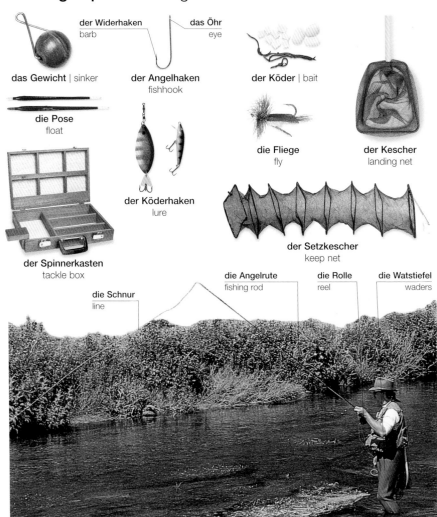

der Widerhaken
barb

das Öhr
eye

das Gewicht | sinker

der Angelhaken
fishhook

der Köder | bait

die Pose
float

die Fliege
fly

der Kescher
landing net

der Köderhaken
lure

der Setzkescher
keep net

der Spinnerkasten
tackle box

die Angelrute
fishing rod

die Rolle
reel

die Watstiefel
waders

die Schnur
line

der Angler *m* **/ die Anglerin** *f* | angler

die Fischfangarten • types of fishing

das Süßwasserangeln
freshwater fishing

das Fliegenangeln
fly-fishing

das Sportangeln
sportfishing

die Hochseefischerei
deep-sea fishing

das Brandungsangeln
surfcasting

die Aktivitäten • activities

auswerfen
cast (v)

fangen
catch (v)

einholen
reel in (v)

mit dem Netz fangen
net (v)

loslassen
release (v)

Vokabular • vocabulary

ködern bait (v)	**die Angelgeräte** tackle	**die Regenhaut** rain gear	**der Angelschein** fishing license	**der Fischkorb** creel
anbeißen bite (v)	**die Rolle** spool	**die Stake** pole	**die Seefischerei** marine fishing	**das Speerfischen** spearfishing

der Skisport • skiing

der Skihang
ski slope

der Sessellift
chairlift

der Kabinenlift
cable car

der Handschuh
glove

der Skistock
ski pole

die Skipiste
ski run

die
Sicherheitssperre
safety barrier

die Spitze
tip

die Kante
edge

der Ski
ski

die Skijacke
ski jacket

der Skistiefel
ski boot

der Skifahrer m **/ die Skifahrerin** f
skier

die Disziplinen • events

der Abfahrtslauf
downhill skiing

das Tor
gate

der Slalom
slalom

der Skisprung
ski jump

der Langlauf
cross-country skiing

der Wintersport • winter sports

das Eisklettern
ice climbing

das Eislaufen
ice-skating

die Skibrille
goggles

der
Schlittschuh
skate

der Eiskunstlauf
figure skating

das Snowboarding
snowboarding

der Bobsport
bobsled

das Rennrodeln
luge

das Schneemobil
snowmobile

das Schlittenfahren
sledding

Vokabular • vocabulary

die alpine Kombination alpine skiing	**das Hundeschlittenfahren** dogsledding
der Riesenslalom giant slalom	**der Eisschnelllauf** speed skating
abseits der Piste off-piste	**das Biathlon** biathlon
das Curling curling	**die Lawine** avalanche

---

die anderen Sportarten • other sports

das Segelflugzeug
glider

der Drachen
hang-glider

das Segelfliegen
gliding

das Drachenfliegen
hang-gliding

der Fallschirm
parachute

das Seil
rope

das Klettern
rock climbing

das Fallschirmspringen
parachuting

das Gleitschirmfliegen
paragliding

das Fallschirmspringen
skydiving

das Abseilen
rappelling

das Bungeejumping
bungee jumping

der Rennfahrer *m*
die Rennfahrerin *f*
race-car driver

das Rallyefahren
rally driving

der Rennsport
auto racing

das Motocross
motocross

das Motorradrennen
motorcycle racing

das Skateboard
skateboard

der Lacrosseschläger
stick

das Florett   die Maske
foil   mask

**das Skateboard-
fahren**
skateboarding

das Inlineskaten
inline skating

das Lacrosse
lacrosse

das Fechten
fencing

der Kegel
pin

die Zielscheibe
target

der Bogen
bow

der Pfeil
arrow

der Köcher
quiver

das Bogenschießen
archery

**das
Scheibenschießen**
target shooting

die
Bowlingkugel
bowling ball

das Bowling
bowling

das Poolbillard
pool

das Snooker
snooker

die Fitness • fitness

das Trainingsrad
exercise bike

das Fitnessgerät
gym machine

die Bank
bench

die Gewichte
free weights

die Stange
bar

das Fitnesscenter | gym

die Rudermaschine
rowing machine

das Laufband
treadmill

die Langlaufmaschine
elliptical trainer

der Personal Trainer *m*
die Personal Trainerin *f*
personal trainer

die Tretmaschine
stair machine

das Schwimmbecken
swimming pool

die Sauna
sauna

die Übungen · exercises

das Dehnen
stretch

der Ausfallschritt
lunge

der Liegestütz
push-up

die Hantel
dumbbell

die Kniebeuge
squat

das Rumpfheben
sit-up

die Bizepsübung
bicep curl

der Beinstütz
leg press

die Gewichtstange
weight bar

die Sportschuhe
sneakers

die Brustübung
chest press

das Krafttraining
weight training

das Jogging
jogging

das Pilates
Pilates

Vokabular · vocabulary

trainieren train (v)	**beugen** flex (v)	**ausstrecken** extend (v)	**die Boxgymnastik** boxercise	**das Seilspringen** jumping rope
sich aufwärmen warm up (v)	**auf der Stelle joggen** jog in place (v)	**hochziehen** pull up (v)	**das Zirkeltraining** circuit training	**der Spinning-Kurs** spin class

---

die Freizeit
leisure

das Theater • theater

der Vorhang
curtain

die Kulisse
wings

das Bühnenbild
set

das Publikum
audience

das Orchester
orchestra

die Bühne | stage

der Sitzplatz
seat

der zweite Rang
balcony seats

die Reihe
row

die Loge
box

der erste Rang
mezzanine

der Balkon
balcony

der Gang
aisle

das Parkett
orchestra seats

die Bestuhlung | seating

Vokabular • vocabulary

das Theaterstück play	**das Rollenheft** script
die Besetzung cast	**die Premiere** opening night
der Schauspieler *m* **die Schauspielerin** *f* actor	**die Pause** intermission
der Regisseur *m* **die Regisseurin** *f* director	**der Produzent** *m* **die Produzentin** *f* producer
der Prospekt backdrop	**das Programm** program
	der Orchester- graben orchestra pit

das Konzert
concert

das Musical
musical

das
Theaterkostüm
costume

das Ballett
ballet

Vokabular • vocabulary

der Platzanweiser *m*
die Platzanweiserin *f*
usher

die klassische Musik
classical music

die Noten
musical score

der Soundtrack
soundtrack

applaudieren
applaud (v)

die Zugabe
encore

Ich möchte zwei Karten für die Aufführung heute Abend.
I'd like two tickets for tonight's performance.

Um wie viel Uhr beginnt die Aufführung?
What time does it start?

die Oper
opera

der Film • movies

das
Popcorn
popcorn

die Kasse
box office

das
Plakat
poster

das **Foyer**
lobby

das Kino
movie theater

die Leinwand
screen

Vokabular • vocabulary

die Komödie
comedy

der Thriller
thriller

der Horrorfilm
horror movie

der Western
western

der Liebesfilm
romance

der Science-Fiction-Film
science fiction movie

der Abenteuerfilm
adventure movie

der Zeichentrickfilm
animated movie

das Orchester • orchestra

die Saiteninstrumente • strings

die Harfe
harp

der Dirigent *m*
die Dirigentin *f*
conductor

der Kontrabass
double bass

die Geige
violin

das Podium
podium

das Cello
cello

die Bratsche
viola

die Noten
score

der
Violinschlüssel
treble clef

die
Note
note

das
Liniensystem
staff

der
Bassschlüssel
bass clef

das Klavier | piano

die Notation | notation

Vokabular • vocabulary

die Ouvertüre overture	**die Sonate** sonata	**die Tonhöhe** pitch	**das Kreuz** sharp	**der Taktstrich** bar	**die Tonleiter** scale
die Symphonie symphony	**die Musik-instrumente** instruments	**das Pausen-zeichen** rest	**das B** flat	**das Auflösungs-zeichen** natural	**der Taktstock** baton

---

die Holzblasinstrumente • woodwind

die Pikkoloflöte
piccolo

die Querflöte
flute

die Oboe
oboe

das Englischhorn
English horn

das Saxofon
saxophone

die Klarinette
clarinet

die Bassklarinette
bass clarinet

das Fagott
bassoon

das Kontrafagott
double bassoon

die Schlaginstrumente • percussion

die Kesselpauke
kettledrum

der Gong
gong

das Vibrafon
vibraphone

die Bongos
bongos

die kleine Trommel
snare drum

das Becken
cymbals

das Tamburin
tambourine

das Fußpedal
foot pedal

der Triangel
triangle

die Maracas
maracas

die Blechblasinstrumente • brass

die Trompete
trumpet

die Posaune
trombone

das Horn
French horn

die Tuba
tuba

das Konzert • concert

der Gitarrist *m*
die Gitarristin *f*
guitarist

der Schlagzeuger *m*
die Schlagzeugerin *f*
drummer

der Frontsänger *m*
die Frontsängerin *f*
lead singer

das
Mikrofon
microphone

der Lautsprecher
speaker

die Fans
fans

das Rockkonzert | rock concert

die Instrumente • instruments

der
Tonabnehmer
pickup

der Hals
neck

der Bund
fret

der Wirbel
tuning peg

die Saite
string

der Steg
bridge

die
Trommel
drum

die Bassgitarre
bass guitar

das Keyboard
keyboard

die elektrische Gitarre
electric guitar

das Schlagzeug
drum kit

258

die Musikstile • musical styles

der Jazz
jazz

der Blues
blues

der Gospel
gospel

der Folk
folk music

die Popmusik
pop

die Tanzmusik
dance music

der Rap
rap

das Heavy Metal
heavy metal

die klassische Musik
classical music

Vokabular • vocabulary

das Lied	**der Text**	**die Melodie**	**der Beat**	**der Reggae**	**die Countrymusik**	**der Scheinwerfer**
song	lyrics	melody	beat	reggae	country	spotlight

---

die Besichtigungstour • sightseeing

der Tourist *m*
die Touristin *f*
tourist

die Route
itinerary

mit offenem
Oberdeck
open-top

This is an official London Sightseeing Bus.

LONDON PRIDE

der Stadtrundfahrtbus | tour bus

die Touristenattraktion | tourist attraction

der Fremdenführer *m*
die Fremdenführerin *f*
tour guide

die Figur
figurine

die Führung
guided tour

die Andenken
souvenirs

Vokabular • vocabulary

geöffnet open	**die Batterien** batteries	**die Kamera** camera	**rechts** right	**Wo ist… ?** Where is… ?
geschlossen closed	**der Audio-Guide** audioguide	**die Richtungs-angaben** directions	**geradeaus** straight ahead	**Ich habe mich verlaufen.** I'm lost.
das Eintrittsgeld entrance fee	**der Reiseführer** guidebook	**links** left		**Können Sie mir sagen, wie ich nach … komme?** Can you tell me the way to… ?

---

die Sehenswürdigkeiten • attractions

das
Gemälde
painting

das
Aussellungsstück
exhibit

† **die Statue**
statue

die
Ausstellung
exhibition

die berühmte
Ruine
famous ruin

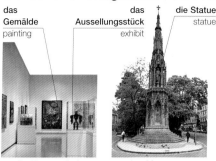

die Kunstgalerie
art gallery

das Monument
monument

das Museum
museum

das historische Gebäude
historic building

das Kasino
casino

der Park
gardens

der Nationalpark
national park

die Information • information

die **Zeiten**
times

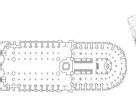

der Grundriss
floor plan

der Stadtplan
map

der Fahrplan
schedule

die
Touristeninformation
tourist information

die Aktivitäten im Freien • outdoor activities

der Fußweg
footpath

die Sonnenuhr
sundial

das Café
café

der Park | park

das Gras
grass

die Bank
bench

die Gartenanlagen
formal gardens

der Jahrmarkt
fairground

die Achterbahn
roller coaster

der Vergnügungspark
theme park

der Safaripark
safari park

der Zoo
zoo

die Aktivitäten • activities

das Radfahren
cycling

das Jogging
jogging

das Skateboardfahren
skateboarding

das Inlinerfahren
rollerblading

der Reitweg
bridle path

der Picknickkorb
picnic basket

die Vogelbeobachtung
bird-watching

das Reiten
horseback riding

das Wandern
hiking

das Picknick
picnic

---

der Spielplatz • playground

der Sandkasten
sandbox

das Planschbecken
wading pool

die Schaukel
swing

die Wippe | seesaw

die Rutsche
slide

das Klettergerüst
climbing frame

der Strand • beach

das
Hotel
hotel

der
Sonnenschirm
beach umbrella

die Welle
wave

das Meer
sea

der Liegestuhl
sun lounger

der Sand
sand

die Badehose
swimming briefs

der Bikini
bikini

die Strandtasche
beach bag

sonnenbaden | sunbathe (v)

der Rettungsschwimmer *m*
die Rettungsschwimmerin *f*
lifeguard

der Rettungsturm
lifeguard tower

der Windschutz
windbreak

die Promenade
boardwalk

der Liegestuhl
deck chair

die Sonnenbrille
sunglasses

der Sonnenhut
sun hat

die Sonnenmilch
suntan lotion

der Sonnenblocker
sunblock

der Wasserball
beach ball

der Schwimmreifen
inflatable ring

der Badeanzug
swimsuit

der Eimer
pail

die Schaufel
shovel

die Sandburg
sandcastle

das Strandtuch
beach towel

die Muschel
shell

das Camping • camping

die Mülleimer
waste disposal

die Toiletten
restrooms

die Duschen
shower block

der Stromanschluss
electric hookup

das Überdach
rain fly

der Hering
tent peg

der Campingplatz
campground

die Zeltspannleine
guy rope

der Wohnwagen
camper

Vokabular • vocabulary

zelten
camp (v)

Zeltplätze frei
sites available

voll
full

die Campingplatzverwaltung
site manager's office

der Zeltplatz
site

die Zeltstange
tent pole

das Faltbett
camp bed

ein Zelt aufschlagen
pitch a tent (v)

die Picknickbank
picnic bench

die Hängematte
hammock

das Wohnmobil
camper van

der Anhänger
trailer

die Holzkohle
charcoal

der Feueranzünder
firelighter

ein Feuer machen
light a fire (v)

das Lagerfeuer
campfire

das Gestänge
frame

der Zeltboden
ground sheet

der Rucksack
backpack

die Thermos-flasche
vacuum flask

die Wasserflasche
water bottle

das Zelt
tent

der Insektenspray
insect repellent

die Taschenlampe
flashlight

das Moskitonetz
mosquito net

die Thermowäsche
thermal underwear

die Wanderschuhe
hiking boots

die Regenhaut
rain gear

der Schlafsack
sleeping bag

der Gasbrenner
camping stove

der Grill
barbecue grill

die Schlafmatte
sleeping mat

die Luftmatratze | air mattress

die Unterhaltungselektronik · home entertainment

der Flachbildfernseher
flatscreen TV

der Verstärker
amplifier

die Lautsprecherbox
speaker

der Ständer
speaker stand

der Vorlauf
fast-forward

der Rücklauf
rewind

das Abspielen
play

die Pause
pause

die Lautstärke
volume

der Stopp
stop

die Aufnahme
record

die Fernbedienung
remote control

der DVD-Spieler
DVD player

die Dockingstation
dock

das Radio
radio

die digitale Box
DTV converter box

das Digitalradio
digital radio

die Satellitenschüssel
satellite dish

die Spielkonsole
console

der Controller
controller

das Videospiel | video game

das Okular
eyecup

der
Bildschirm
screen

der Camcorder
camcorder

der Smart-Lautsprecher
smart speaker

das
Futteral
case

der Bluetooth-
Lautsprecher
bluetooth speaker

die Kopfhörer
headphones

die kabellosen Ohrhörer
wireless earphones

Vokabular • vocabulary

der CD-Spieler
CD player

das WLAN
Wi-Fi

die Soundbar
soundbar

das Kabelfernsehen
cable television

den Fernseher einschalten
turn on the television (v)

hochauflösend
high-definition

der Smart-TV
smart TV

das Programm
program

fernsehen
watch television (v)

den Fernseher abschalten
turn off the television (v)

der Spielfilm
feature film

das Streaming
streaming

stereo
stereo

den Kanal wechseln
change channel (v)

die Werbung
advertisement

digital
digital

das Karaoke
karaoke

die Fotografie • photography

der Auslöser
shutter release

der Blendenregler
aperture dial

die Linse
lens

der Filter
filter

die Schutzkappe
lens cap

die **Spiegelreflexkamera** | SLR camera

der Elektronenblitz
flash gun

der Belichtungsmesser
light meter

das Wechselobjektiv
zoom lens

das Stativ
tripod

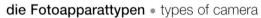

die Fotoapparattypen • types of camera

der Blitz
flash

die **Polaroidkamera**
Polaroid camera

die **Digitalkamera**
digital camera

das **Kamerahandy**
camera phone

die **Einwegkamera**
disposable camera

fotografieren • photograph (v)

einstellen
focus (v)

entwickeln
develop (v)

das Negativ
negative

das Selfie
selfie

quer
landscape

hoch
portrait

das Foto | photograph

das Fotoalbum
photo album

der Fotorahmen
picture frame

die Probleme • problems

unterbelichtet
underexposed

überbelichtet
overexposed

unscharf
out of focus

die roten Augen
red eye

Vokabular • vocabulary

der Bildsucher viewfinder	**der Abzug** print
die Kameratasche camera case	**Matt-** matte
die Belichtung exposure	**Hochglanz-** gloss
der Film film	**die Vergrößerung** enlargement

Könnten Sie diesen Film entwickeln lassen?
I'd like this film processed.

---

die Spiele • games

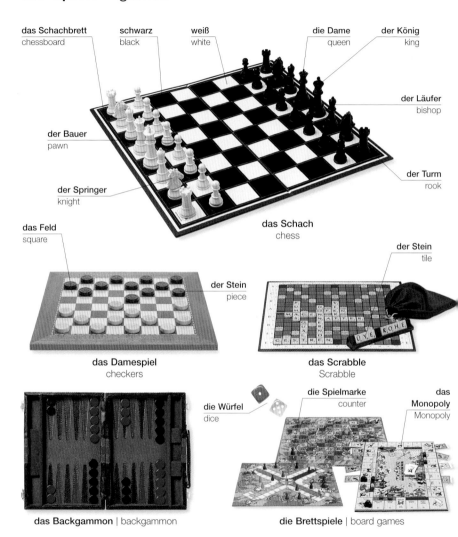

das Schachbrett
chessboard

schwarz
black

weiß
white

die Dame
queen

der König
king

der Läufer
bishop

der Bauer
pawn

der Springer
knight

der Turm
rook

das Schach
chess

das Feld
square

der Stein
piece

der Stein
tile

das Damespiel
checkers

das Scrabble
Scrabble

die Würfel
dice

die Spielmarke
counter

das Monopoly
Monopoly

das Backgammon | backgammon

die Brettspiele | board games

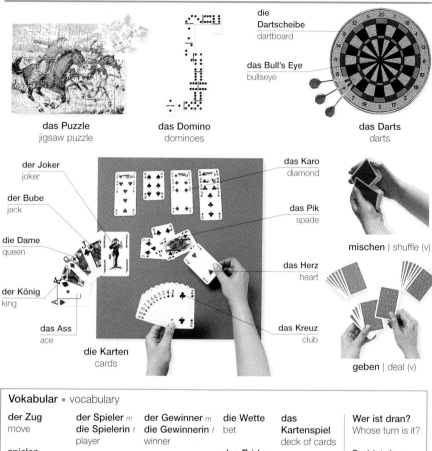

die
Dartscheibe
dartboard

das Bull's Eye
bullseye

das Puzzle
jigsaw puzzle

das Domino
dominoes

das Darts
darts

der Joker
joker

der Bube
jack

die Dame
queen

der König
king

das Ass
ace

das Karo
diamond

das Pik
spade

das Herz
heart

das Kreuz
club

die Karten
cards

mischen | shuffle (v)

geben | deal (v)

Vokabular • vocabulary

der Zug move	**der Spieler** m **die Spielerin** f player	**der Gewinner** m **die Gewinnerin** f winner	**die Wette** bet	**das Kartenspiel** deck of cards	**Wer ist dran?** Whose turn is it?
spielen play (v)	**das Spiel** game	**verlieren** lose (v)	**das Bridge** bridge	**der Punkt** point	**Du bist dran.** It's your move.
das Spielergebnis score	**gewinnen** win (v)	**der Verlierer** m **die Verliererin** f loser	**das Poker** poker	**die Farbe** suit	**Würfle.** Roll the dice.

---

das Kunsthandwerk • arts and crafts (1)

der Künstler *m*
die Künstlerin *f*
artist

das Gemälde
painting

die Staffelei
easel

die Leinwand
canvas

der Pinsel
brush

die Palette
palette

die Malerei | painting

die Farben
paints

die Ölfarbe
oil paint

die Aquarellfarbe
watercolor paint

die Pastellstifte
pastels

die Acrylfarbe
acrylic paint

die Plakatfarbe
poster paint

die Farben • colors

rot
red

blau
blue

gelb
yellow

grün
green

orange
orange

lila
purple

weiß
white

schwarz
black

grau
gray

rosa
pink

braun
brown

indigoblau
indigo

andere Kunstfertigkeiten • other crafts

der Skizzenblock
sketch pad

die Skizze
sketch

die Druck-
farbe
ink

der
Bleistift
pencil

der Kohlestift
charcoal

das Zeichnen | drawing

das Drucken
printing

das Gravieren
engraving

der Stein
stone

der Schlegel
mallet

der
Stechbeitel
chisel

das Holz
wood

das Modellierholz
modeling tool

die Töpferscheibe
potter's wheel

die Bildhauerei
sculpting

die Holzarbeit
woodworking

die Pappe
cardboard

der
Klebstoff
glue

der Ton
clay

die Collage | collage

die Töpferei
pottery

die Juwelierarbeit
jewelry-making

das Pappmaschee
papier-mâché

das Origami
origami

der Modellbau
model-making

das Kunsthandwerk • arts and crafts (2)

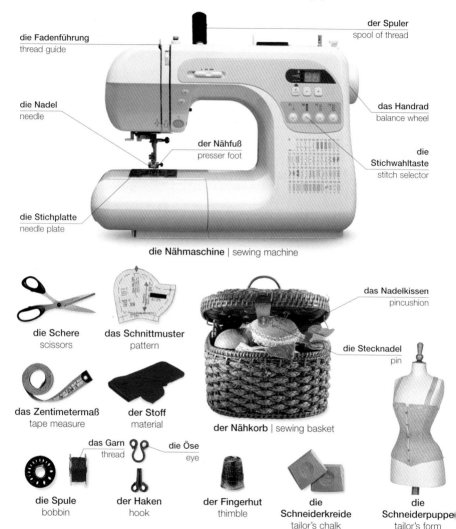

die Fadenführung
thread guide

der Spuler
spool of thread

die Nadel
needle

das Handrad
balance wheel

der Nähfuß
presser foot

die
Stichwahltaste
stitch selector

die Stichplatte
needle plate

die Nähmaschine | sewing machine

die Schere
scissors

das Schnittmuster
pattern

das Nadelkissen
pincushion

die Stecknadel
pin

das Zentimetermaß
tape measure

der Stoff
material

der Nähkorb | sewing basket

das Garn
thread

die Öse
eye

die Spule
bobbin

der Haken
hook

der Fingerhut
thimble

**die
Schneiderkreide**
tailor's chalk

**die
Schneiderpuppe**
tailor's form

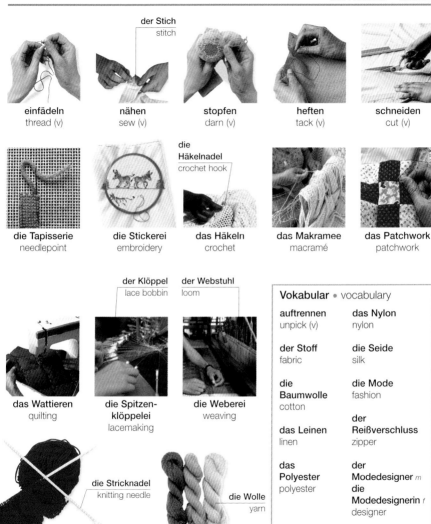

der Stich
stitch

einfädeln
thread (v)

nähen
sew (v)

stopfen
darn (v)

heften
tack (v)

schneiden
cut (v)

die Tapisserie
needlepoint

die Stickerei
embroidery

die Häkelnadel
crochet hook

das Häkeln
crochet

das Makramee
macramé

das Patchwork
patchwork

der Klöppel
lace bobbin

der Webstuhl
loom

das Wattieren
quilting

die Spitzen-klöppelei
lacemaking

die Weberei
weaving

die Stricknadel
knitting needle

das Stricken | knitting

die Wolle
yarn

der Strang | skein

Vokabular • vocabulary

auftrennen
unpick (v)

der Stoff
fabric

die Baumwolle
cotton

das Leinen
linen

das Polyester
polyester

das Nylon
nylon

die Seide
silk

die Mode
fashion

der Reißverschluss
zipper

der Modedesigner *m*
die Modedesignerin *f*
designer

die Umwelt
environment

der Weltraum • space

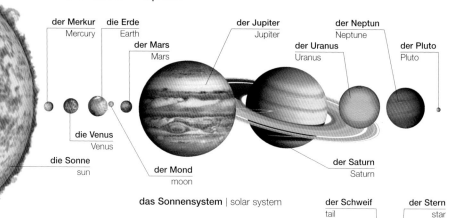

der Merkur
Mercury

die Erde
Earth

der Mars
Mars

der Jupiter
Jupiter

der Uranus
Uranus

der Neptun
Neptune

der Pluto
Pluto

die Venus
Venus

die Sonne
sun

der Mond
moon

der Saturn
Saturn

das Sonnensystem | solar system

die Galaxie
galaxy

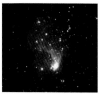

der Nebelfleck
nebula

der Asteroid
asteroid

der Schweif
tail

der Stern
star

der Komet
comet

Vokabular • vocabulary

der Planet planet	**das Universum** universe	**der Vollmond** full moon
der Meteor meteor	**die Umlaufbahn** orbit	**der Neumond** new moon
die Schwerkraft gravity	**das schwarze Loch** black hole	**die Mondsichel** crescent moon

die Finsternis | eclipse

die Raumforschung • space exploration

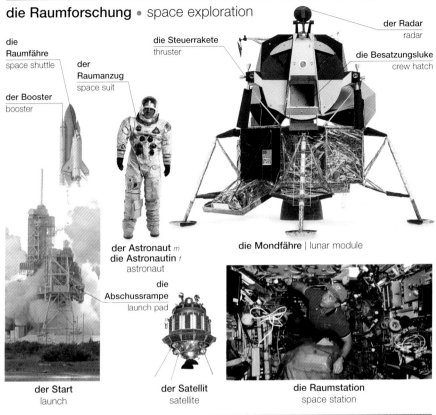

der Radar
radar

die Steuerrakete
thruster

die Besatzungsluke
crew hatch

**die
Raumfähre**
space shuttle

**der
Raumanzug**
space suit

der Booster
booster

der Astronaut *m*
die Astronautin *f*
astronaut

**die
Abschussrampe**
launch pad

die Mondfähre | lunar module

der Start
launch

der Satellit
satellite

die Raumstation
space station

---

die Astronomie • astronomy

das Sternbild
constellation

das Fernglas
binoculars

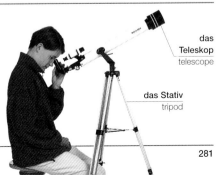

**das
Teleskop**
telescope

das Stativ
tripod

die Erde • Earth

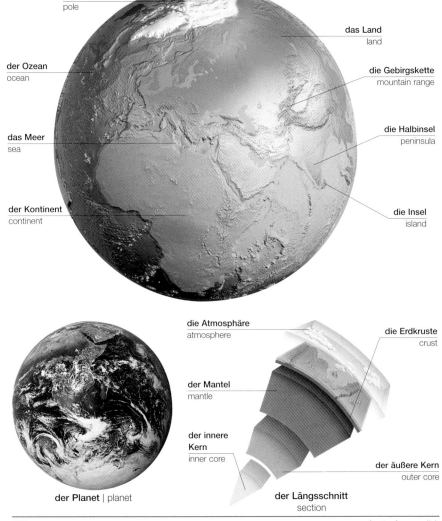

der Pol
pole

das Land
land

der Ozean
ocean

die Gebirgskette
mountain range

die Halbinsel
peninsula

das Meer
sea

der Kontinent
continent

die Insel
island

die Atmosphäre
atmosphere

die Erdkruste
crust

der Mantel
mantle

der innere Kern
inner core

der äußere Kern
outer core

der Planet | planet

der Längsschnitt
section

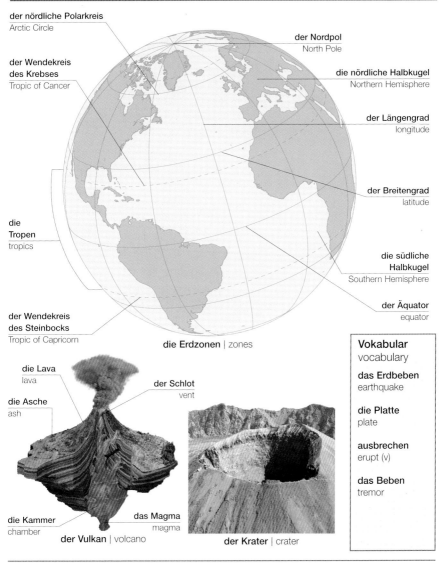

der nördliche Polarkreis
Arctic Circle

der Wendekreis
des Krebses
Tropic of Cancer

die
Tropen
tropics

der Wendekreis
des Steinbocks
Tropic of Capricorn

der Nordpol
North Pole

die nördliche Halbkugel
Northern Hemisphere

der Längengrad
longitude

der Breitengrad
latitude

die südliche
Halbkugel
Southern Hemisphere

der Äquator
equator

die Erdzonen | zones

die Lava
lava

der Schlot
vent

die Asche
ash

die Kammer
chamber

das Magma
magma

der Vulkan | volcano

der Krater | crater

Vokabular
vocabulary

das Erdbeben
earthquake

die Platte
plate

ausbrechen
erupt (v)

das Beben
tremor

die Landschaft • landscape

der Berg
mountain

der Hang
slope

das Ufer
bank

der Fluss
river

die Strom-
schnellen
rapids

die Felsen
rocks

der Gletscher
glacier

das Tal | valley

der Hügel
hill

das Plateau
plateau

die Schlucht
gorge

die Höhle
cave

die Ebene | plain

die Wüste | desert

der Wald | forest

der Wald | woods

der Regenwald
rain forest

der Sumpf
swamp

die Wiese
meadow

das Grasland
grassland

der Wasserfall
waterfall

der Bach
stream

der See
lake

der Geysir
geyser

die Küste
coast

die Klippe
cliff

das Korallenriff
coral reef

die Flussmündung
estuary

das Wetter • weather

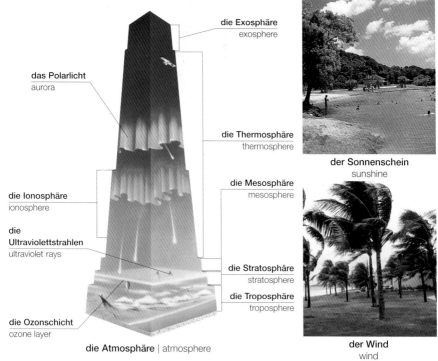

die Exosphäre
exosphere

das Polarlicht
aurora

die Thermosphäre
thermosphere

der Sonnenschein
sunshine

die Mesosphäre
mesosphere

die Ionosphäre
ionosphere

die
Ultraviolettstrahlen
ultraviolet rays

die Stratosphäre
stratosphere

die Troposphäre
troposphere

die Ozonschicht
ozone layer

die **Atmosphäre** | atmosphere

der Wind
wind

Vokabular • vocabulary

der Schneeregen sleet	**der Schauer** shower	**heiß** hot	**trocken** dry	**windig** windy	**Mir ist heiß / kalt.** I'm hot / cold.
der Hagel hail	**sonnig** sunny	**kalt** cold	**nass** wet	**der Sturm** gale	**Es regnet.** It's raining.
der Donner thunder	**bewölkt** cloudy	**warm** warm	**feucht** humid	**die Temperatur** temperature	**Es sind... Grad.** It's ... degrees.

der Blitz
lightning

die Wolke
cloud

der Regen
rain

das Gewitter
storm

der feine Nebel
mist

der dichte Nebel
fog

der Regenbogen
rainbow

der Eiszapfen
icicle

der Schnee
snow

der Raureif
frost

das Eis
ice

der Frost
freeze

der Hurrikan
hurricane

der Tornado
tornado

der Monsun
monsoon

die Überschwemmung
flood

die Gestein • rocks

eruptiv • igneous

der Granit
granite

der Obsidian
obsidian

der Basalt
basalt

der Bimsstein
pumice

sedimentär • sedimentary

der Sandstein
sandstone

der Kalkstein
limestone

die Kreide
chalk

der Feuerstein
flint

das Konglomerat
conglomerate

die Kohle
coal

metamorph
metamorphic

der Schiefer
slate

der Glimmerschiefer
schist

der Gneis
gneiss

der Marmor
marble

die Schmucksteine • gems

der Rubin
ruby

der Amethyst
amethyst

der Gagat
jet

der Opal
opal

der Mondstein
moonstone

der Diamant
diamond

der Granat
garnet

der Topas
topaz

der Aquamarin
aquamarine

der Jade
jade

der Smaragd
emerald

der Saphir
sapphire

der Turmalin
tourmaline

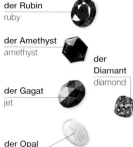

die Mineralien • minerals

der Quarz
quartz

der Glimmer
mica

der Schwefel
sulfur

der Hämatit
hematite

der Kalzit
calcite

der Malachit
malachite

der Türkis
turquoise

der Onyx
onyx

der Achat
agate

der Graphit
graphite

die Metalle • metals

das Gold
gold

das Silber
silver

das Platin
platinum

das Nickel
nickel

das Eisen
iron

das Kupfer
copper

das Zinn
tin

das Aluminum
aluminum

das Quecksilber
mercury

das Zink
zinc

die Tiere • animals (1)

die Säugetiere • mammals

die Schnurrhaare
whiskers

der Schwanz
tail

das Kaninchen
rabbit

der Hamster
hamster

die Maus
mouse

die Ratte
rat

der Igel
hedgehog

das Eichhörnchen
squirrel

die Fledermaus
bat

der Waschbär
raccoon

der Fuchs
fox

der Wolf
wolf

der Welpe
puppy

das Kätzchen
kitten

das Junge
pup

der Hund
dog

die Katze
cat

der Otter
otter

die Robbe
seal

die Flosse
flipper

das Atemloch
blowhole

der Seelöwe
sea lion

das Walross
walrus

der Wal
whale

der Delfin
dolphin

das Geweih
antler

die Mähne
mane

der Huf
hoof

der Hirsch
deer

das Zebra
zebra

die Giraffe
giraffe

der Höcker
hump

das Kamel
camel

der Rüssel
trunk

der Stoßzahn
tusk

das Horn
horn

das Nilpferd
hippopotamus

der Elefant
elephant

das Nashorn
rhinoceros

der Tiger
tiger

die Mähne
mane

der Löwe
lion

der Affe
monkey

der Gorilla
gorilla

der Koalabär
koala

der Beutel
pouch

der Pandabär
panda

die Klaue
claw

das Känguru
kangaroo

der Bär
bear

der Eisbär
polar bear

die Tiere • animals (2)

die Vögel • birds

der Schwanz
tail

der Kanarienvogel
canary

der Spatz
sparrow

der Kolibri
hummingbird

die Schwalbe
swallow

die Krähe
crow

die Taube
pigeon

der Specht
woodpecker

der Falke
falcon

die Eule
owl

die Möwe
gull

der Adler
eagle

der Pelikan
pelican

der Flamingo
flamingo

der Storch
stork

der Kranich
crane

der Pinguin
penguin

der Strauß
ostrich

die Reptilien • reptiles

die Gans | goose

der Schwan
swan

die Schuppen
scales

der Alligator
alligator

der Pfau
peacock

der Fasan
pheasant

die Eidechse
lizard

der Leguan
iguana

der Truthahn
turkey

der Panzer
shell

die Wasserschildkröte
turtle

die Schildkröte
tortoise

der Schnabel
beak

die Feder
feather

der
Flügel
wing

die Schlange
snake

der Kakadu
cockatoo

die Kralle
claw

die Schnauze
snout

der Papagei
parrot

das Krokodil
crocodile

die Tiere • animals (3)

die Amphibien • amphibians

der Frosch
frog

die Kröte
toad

die Kaulquappe
tadpole

der Salamander
salamander

die Fische • fish

die Muräne
eel

der Hai
shark

das Seepferd
seahorse

der Glattrochen
skate

der Rochen
ray

der Goldfisch
goldfish

die Rückenflosse
dorsal fin

die Brustflosse
pectoral fin

der Schwanz
tail

die Kieme
gill

die Schuppe
scale

der Schwertfisch
swordfish

der Koikarpfen
koi

die Wirbellosen • invertebrates

die Ameise
ant

die Termite
termite

die Biene
bee

die Wespe
wasp

der Käfer
beetle

die Kakerlake
cockroach

der Nachtfalter
moth

der Fühler
antenna

der Schmetterling
butterfly

der Kokon
cocoon

die Raupe
caterpillar

die Grille
cricket

die Heuschrecke
grasshopper

die Gottesanbeterin
praying mantis

der Stachel
sting

der Skorpion
scorpion

der Tausendfüßer
centipede

die Libelle
dragonfly

die Fliege
fly

die Stechmücke
mosquito

der Marienkäfer
ladybug

die Spinne
spider

die Nacktschnecke
slug

die Schnecke
snail

der Wurm
worm

der Seestern
starfish

die Muschel
mussel

der Krebs
crab

der Hummer
lobster

der Krake
octopus

der Tintenfisch
squid

die Qualle
jellyfish

die Pflanzen • plants

der Baum • tree

das Blatt
leaf

der Ast
branch

der Zweig
twig

die Weide
willow

die Rinde
bark

der Stamm
trunk

die Wurzel
root

die Eiche
oak

die Pappel
poplar

der Eukalyptus
eucalyptus

die Lärche
larch

die Buche
beech

die Birke
birch

die Kiefer
pine

die Zeder
cedar

der Ahorn
maple

die Ulme
elm

die Linde
lime

die Stechpalme
holly

die Beere
berry

die Palme
palm

die Blütenpflanze • flowering plant

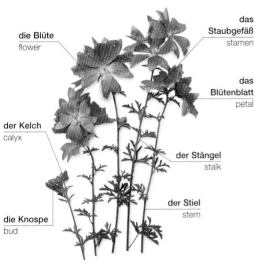

die Blüte
flower

das
Staubgefäß
stamen

das
Blütenblatt
petal

der Kelch
calyx

der Stängel
stalk

der Stiel
stem

die Knospe
bud

der Hahnenfuß
buttercup

**das
Gänseblümchen**
daisy

die Distel
thistle

der Löwenzahn
dandelion

das Heidekraut
heather

**der
Klatschmohn**
poppy

der Fingerhut
foxglove

das Geißblatt
honeysuckle

**die
Sonnenblume**
sunflower

der Klee
clover

**die
Sternhyazinthen**
bluebells

**die
Schlüsselblume**
primrose

die Lupinen
lupines

die Nessel
nettle

die Stadt • city

die Gasse
alley

der Wohnblock
apartment block

die Straße
street

der
Poller
barrier

der Platz
square

der Laden
store

die
Straßenecke
street corner

die Straßenlaterne
streetlight

die Bordsteinkante
curb

der Bürgersteig
sidewalk

der Parkplatz
parking lot

die Einbahnstraße
one-way system

die Gebäude • buildings

das Rathaus
town hall

die Bibliothek
library

das Kino
movie theater

das Theater
theater

die Universität
university

der Wolkenkratzer
skyscraper

die Gebiete • areas

das Industriegebiet
industrial park

die Innenstadt
downtown

die Vorstadt
suburb

das Dorf
village

die Schule
school

---

vokabular • vocabulary

die Fußgängerzone pedestrian zone	**die Seitenstraße** side street	**der Kanalschacht** manhole	**der Rinnstein** gutter	**die Kirche** church
die Allee avenue	**das Bürogebäude** office block	**die Bushaltestelle** bus stop	**die Fabrik** factory	**der Kanal** drain

die Architektur • architecture

die Gebäude und Strukturen • buildings and structures

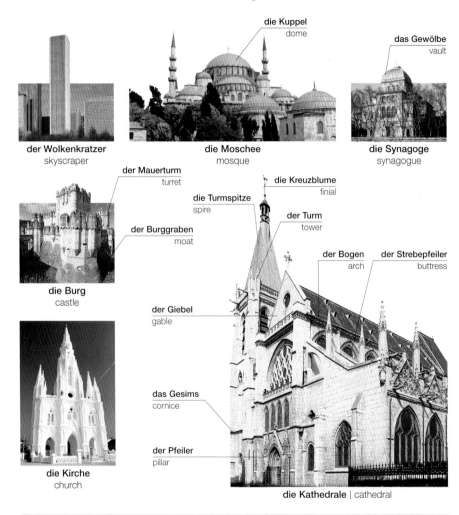

die Kuppel
dome

das Gewölbe
vault

der Wolkenkratzer
skyscraper

die Moschee
mosque

die Synagoge
synagogue

der Mauerturm
turret

die Kreuzblume
finial

die Turmspitze
spire

der Turm
tower

der Burggraben
moat

der Bogen
arch

der Strebepfeiler
buttress

die Burg
castle

der Giebel
gable

das Gesims
cornice

der Pfeiler
pillar

die Kirche
church

die Kathedrale | cathedral

der Tempel
temple

der Staudamm
dam

die Brücke
bridge

die Baustile • styles

der Architrav
architrave

der Chor
choir

gotisch
Gothic

Renaissance
Renaissance

barock
Baroque

Rokoko
Rococo

das Giebeldreieck
pediment

klassizistisch
Neoclassical

der Jugendstil
Art Nouveau

der Art déco
Art Deco

die Information
reference

die Uhrzeit • time

der Minutenzeiger
minute hand

der Stundenzeiger
hour hand

der Sekundenzeiger
second hand

die Uhr
clock

Vokabular • vocabulary

die Stunde hour	**jetzt** now	**zwanzig Minuten** twenty minutes
die Minute minute	**später** later	**vierzig Minuten** forty minutes
die Sekunde second	**eine halbe Stunde** half an hour	**eine Viertelstunde** a quarter of an hour

Wie spät ist es?
What time is it?

Es ist drei Uhr.
It's three o'clock.

fünf nach eins
five past one

zehn nach eins
ten past one

Viertel nach eins
quarter past one

zwanzig nach eins
twenty past one

fünf vor halb zwei
twenty-five past one

ein Uhr dreißig
one thirty

fünf nach halb zwei
twenty-five to two

zwanzig vor zwei
twenty to two

Viertel vor zwei
quarter to two

zehn vor zwei
ten to two

fünf vor zwei
five to two

zwei Uhr
two o'clock

die Nacht und der Tag • night and day

die Mitternacht
midnight

der Sonnenaufgang
sunrise

die Morgendämmerung
dawn

der Morgen
morning

der Sonnenuntergang
sunset

der Mittag
noon

die Abenddämmerung
dusk

der Abend
evening

der Nachmittag
afternoon

Vokabular • vocabulary

früh early	**Du bist zu früh.** You're early.	**Sei bitte pünktlich.** Please be on time.	**Wann ist es zu Ende?** What time does it end?
pünktlich on time	**Du hast dich verspätet.** You're late.	**Bis später.** I'll see you later.	**Wie lange dauert es?** How long will it last?
spät late	**Ich werde bald dort sein.** I'll be there soon.	**Wann fängt es an?** What time does it start?	**Es ist schon spät.** It's getting late.

der Kalender • calendar

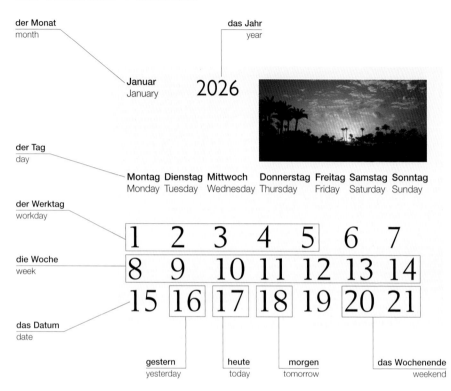

der Monat
month

das Jahr
year

Januar
January

2026

der Tag
day

der Werktag
workday

die Woche
week

das Datum
date

Montag	Dienstag	Mittwoch	Donnerstag	Freitag	Samstag	Sonntag
Monday	Tuesday	Wednesday	Thursday	Friday	Saturday	Sunday

1	2	3	4	5	6	7
8	9	10	11	12	13	14
15	16	17	18	19	20	21

gestern
yesterday

heute
today

morgen
tomorrow

das Wochenende
weekend

Vokabular • vocabulary

Januar	März	Mai	Juli	September	November
January	March	May	July	September	November

Februar	April	Juni	August	Oktober	Dezember
February	April	June	August	October	December

---

die Jahre • years

1900   **neunzehnhundert** • nineteen hundred

1901   **neunzehnhunderteins** • nineteen oh one

1910   **neunzehnhundertzehn** • nineteen ten

2000   **zweitausend** • two thousand

2001   **zweitausendeins** • two thousand and one

die Jahreszeiten • seasons

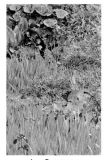

der Frühling
spring

der Sommer
summer

der Herbst
fall

der Winter
winter

Vokabular • vocabulary

das Jahrhundert
century

das Jahrzehnt
decade

das Jahrtausend
millennium

vierzehn Tage
two weeks

diese Woche
this week

letzte Woche
last week

nächste Woche
next week

vorgestern
the day before yesterday

übermorgen
the day after tomorrow

wöchentlich
weekly

monatlich
monthly

jährlich
annual

Welches Datum haben wir heute?
What's the date today?

Heute ist der siebte Februar.
It's February the seventh.

die Zahlen • numbers

0	**null** • zero	20	**zwanzig** • twenty
1	**eins** • one	21	**einundzwanzig** • twenty-one
2	**zwei** • two	22	**zweiundzwanzig** • twenty-two
3	**drei** • three	30	**dreißig** • thirty
4	**vier** • four	40	**vierzig** • forty
5	**fünf** • five	50	**fünfzig** • fifty
6	**sechs** • six	60	**sechzig** • sixty
7	**sieben** • seven	70	**siebzig** • seventy
8	**acht** • eight	80	**achtzig** • eighty
9	**neun** • nine	90	**neunzig** • ninety
10	**zehn** • ten	100	**hundert** • one hundred
11	**elf** • eleven	110	**hundertzehn** • one hundred ten
12	**zwölf** • twelve	200	**zweihundert** • two hundred
13	**dreizehn** • thirteen	300	**dreihundert** • three hundred
14	**vierzehn** • fourteen	400	**vierhundert** • four hundred
15	**fünfzehn** • fifteen	500	**fünfhundert** • five hundred
16	**sechzehn** • sixteen	600	**sechshundert** • six hundred
17	**siebzehn** • seventeen	700	**siebenhundert** • seven hundred
18	**achtzehn** • eighteen	800	**achthundert** • eight hundred
19	**neunzehn** • nineteen	900	**neunhundert** • nine hundred

deutsch • english

1,000 **tausend** • one thousand

10,000 **zehntausend** • ten thousand

20,000 **zwanzigtausend** • twenty thousand

50,000 **fünfzigtausend** • fifty thousand

55,500 **fünfundfünfzigtausendfünfhundert** • fifty-five thousand five hundred

100,000 **hunderttausend** • one hundred thousand

1,000,000 **eine Million** • one million

1,000,000,000 **eine Milliarde** • one billion

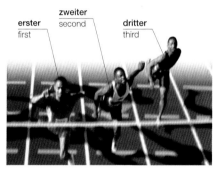

erster • first

zweiter • second

dritter • third

vierter • fourth

fünfter • fifth

sechster • sixth

siebter • seventh

achter • eighth

neunter • ninth

zehnter • tenth

elfter • eleventh

zwölfter • twelfth

dreizehnter • thirteenth

vierzehnter • fourteenth

fünfzehnter • fifteenth

sechzehnter
sixteenth

siebzehnter
seventeenth

achtzehnter
eighteenth

neunzehnter
nineteenth

zwanzigster
twentieth

einundzwanzigster
twenty-first

zweiundzwanzigster
twenty-second

dreiundzwanzigster
twenty-third

dreißigster
thirtieth

vierzigster
fortieth

fünfzigster
fiftieth

sechzigster
sixtieth

siebzigster
seventieth

achtzigster
eightieth

neunzigster
ninetieth

hundertster
(one) hundredth

die Maße und Gewichte • weights and measures

die Fläche • area

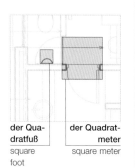

der Qua-
dratfuß
square
foot

der Quadrat-
meter
square meter

die Entfernung
distance

der
Kilometer
kilometer

die Meile
mile

die Waagschale
pan

das Pfund
pound

das Kilogramm
kilogram

die Unze
ounce

das Gramm
gram

KRUPS

die Waage | scale

Vokabular • vocabulary

das Yard yard	**die Tonne** ton	**messen** measure (v)
der Meter meter	**das Milligramm** milligram	**wiegen** weigh (v)

die Länge • length

der Fuß
foot

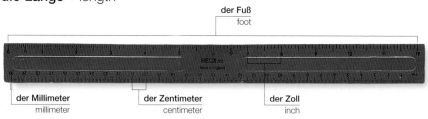

HELIX
Made in England

der Millimeter
millimeter

der Zentimeter
centimeter

der Zoll
inch

deutsch • english

das Fassungsvermögen • capacity

der halbe Liter
half-liter

das Pint
pint

das Volumen
volume

der Milliliter
milliliter

der Messbecher
measuring cup

das Flüssigkeitsmaß
liquid measure

der Behälter • container

die Tüte
carton

das Päckchen
packet

die Flasche
bottle

der Beutel
bag

die Dose | tub

das Glas | jar

die Dose | tin

der Sprühbehälter
spray bottle

das Stück
bar

die Tube
tube

die Rolle
roll

die Dose
can

die Sprühdose
spray can

die Weltkarte • world map

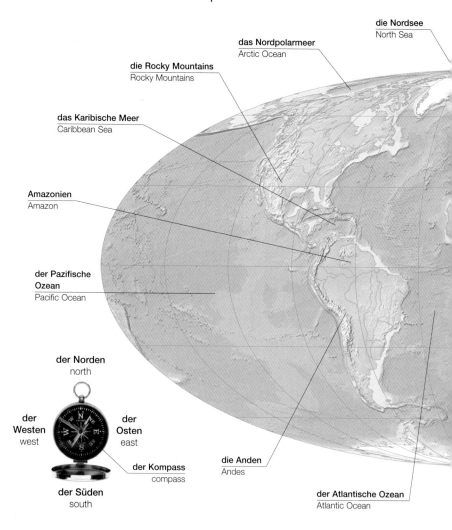

die Nordsee
North Sea

das Nordpolarmeer
Arctic Ocean

die Rocky Mountains
Rocky Mountains

das Karibische Meer
Caribbean Sea

Amazonien
Amazon

der Pazifische Ozean
Pacific Ocean

der Norden
north

der Westen
west

der Osten
east

der Kompass
compass

die Anden
Andes

der Atlantische Ozean
Atlantic Ocean

der Süden
south

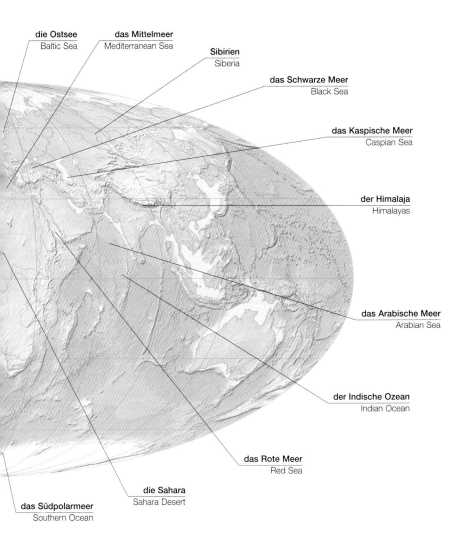

die Ostsee
Baltic Sea

das Mittelmeer
Mediterranean Sea

Sibirien
Siberia

das Schwarze Meer
Black Sea

das Kaspische Meer
Caspian Sea

der Himalaja
Himalayas

das Arabische Meer
Arabian Sea

der Indische Ozean
Indian Ocean

das Rote Meer
Red Sea

die Sahara
Sahara Desert

das Südpolarmeer
Southern Ocean

Nord- und Mittelamerika • North and Central America

Barbados • Barbados

Kanada • Canada

Costa Rica • Costa Rica

Kuba • Cuba

Jamaika • Jamaica

Mexiko • Mexico

Panama • Panama

Trinidad und Tobago
Trinidad and Tobago

die Vereinigten Staaten
United States of America

Antigua und Barbuda
Antigua and Barbuda

die Bahamas • Bahamas

Barbados • Barbados

Belize • Belize

Costa Rica • Costa Rica

Dominica • Dominica

die Dominikanische Republik
Dominican Republic

El Salvador • El Salvador

Grenada • Grenada

Grönland • Greenland

Guatemala • Guatemala

Haiti • Haiti

Hawaii • Hawaii

Honduras • Honduras

Jamaika • Jamaica

Kanada • Canada

Kuba • Cuba

Mexiko • Mexico

Nicaragua • Nicaragua

Panama • Panama

Puerto Rico • Puerto Rico

Saint Kitts und Nevis
St. Kitts and Nevis

Saint Lucia • St. Lucia

**Saint Vincent und die
Grenadinen** • St. Vincent
and the Grenadines

Trinidad und Tobago
Trinidad and Tobago

die Vereinigten Staaten
United States of America

Südamerika • South America

Argentinien • Argentina

Bolivien • Bolivia

Brasilien • Brazil

Chile • Chile

Kolumbien • Colombia

Ecuador • Ecuador

Peru • Peru

Uruguay • Uruguay

Venezuela • Venezuela

Argentinien • Argentina

Bolivien • Bolivia

Brasilien • Brazil

Chile • Chile

Ecuador • Ecuador

die Falkland-Inseln
Falkland Islands

Französisch-Guayana
French Guiana

die Galapagos-Inseln
Galápagos Islands

Guyana • Guyana

Kolumbien • Colombia

Paraguay • Paraguay

Peru • Peru

Suriname • Suriname

Uruguay • Uruguay

Venezuela • Venezuela

Vokabular • vocabulary

der Staat
state

das Land
country

die Nation
nation

der Kontinent
continent

die Kolonie
colony

die Provinz
province

das Territorium
territory

das Fürstentum
principality

die Hauptstadt
capital

die Region
region

der Bezirk
district

die Zone
zone

Europa • Europe

Frankreich • France

Deutschland • Germany

Italien • Italy

Polen • Poland

Portugal • Portugal

Spanien • Spain

Albanien • Albania

Andorra • Andorra

die Balearen • Balearic Islands

Belgien • Belgium

Bosnien und Herzegowina
Bosnia and Herzegovina

Bulgarien • Bulgaria

Dänemark • Denmark

Deutschland • Germany

England • England

Estland • Estonia

Finnland • Finland

Frankreich • France

Griechenland • Greece

Irland • Ireland

Island • Iceland

Italien • Italy

Kaliningrad • Kaliningrad

Korsika • Corsica

Kosovo • Kosovo

Kroatien • Croatia

Lettland • Latvia

Liechtenstein • Liechtenstein

Litauen • Lithuania

Luxemburg • Luxembourg

Malta • Malta

Moldawien • Moldova

Monaco • Monaco

Montenegro • Montenegro

die Niederlande • Netherlands

Nordirland • Northern Ireland

Nordmazedonien
North Macedonia

Norwegen • Norway

Österreich • Austria

Polen • Poland

Portugal • Portugal

Rumänien • Romania

die Russische Föderation
Russian Federation

San Marino • San Marino

Sardinien • Sardinia

Schottland • Scotland

Schweden • Sweden

die Schweiz • Switzerland

Serbien • Serbia

Sizilien • Sicily

die Slowakei • Slovakia

Slowenien • Slovenia

Spanien • Spain

die Tschechische Republik
Czech Republic

die Ukraine • Ukraine

Ungarn • Hungary

die Vatikanstadt • Vatican City

das Vereinigte Königreich
United Kingdom

Wales • Wales

Weißrussland • Belarus

Zypern • Cyprus

Afrika • Africa

Ägypten • Egypt

Äthiopien • Ethiopia

Kenia • Kenya

Nigeria • Nigeria

Südafrika • South Africa

Uganda • Uganda

Ägypten • Egypt

Algerien • Algeria

Angola • Angola

Äquatorialguinea • Equatorial Guinea

Äthiopien • Ethiopia

Benin • Benin

Botsuana • Botswana

Burkina Faso • Burkina Faso

Burundi • Burundi

die Demokratische Republik Kongo • Democratic Republic of the Congo

Dschibuti • Djibouti

Elfenbeinküste • Ivory Coast

Eritrea • Eritrea

Eswatini • Eswatini

Gabun • Gabon

Gambia • Gambia

Ghana • Ghana

Guinea • Guinea

Guinea-Bissau • Guinea-Bissau

Kamerun • Cameroon

Kenia • Kenya

die Komoren • Comoros

Kongo • Congo

Lesotho • Lesotho

Liberia • Liberia

Libyen • Libya

Madagaskar • Madagascar

Malawi • Malawi

Mali • Mali

Marokko • Morocco

Mauretanien • Mauritania

Mauritius • Mauritius

Mosambik • Mozambique

Namibia • Namibia

Niger • Niger

Nigeria • Nigeria

Ruanda • Rwanda

Sambia • Zambia

São Tomé und Príncipe São Tomé and Príncipe

Senegal • Senegal

Sierra Leone • Sierra Leone

Simbabwe • Zimbabwe

Somalia • Somalia

der Sudan • Sudan

Südafrika • South Africa

Südsudan • South Sudan

Tansania • Tanzania

Togo • Togo

Tschad • Chad

Tunesien • Tunisia

Uganda • Uganda

Westsahara • Western Sahara

die Zentralafrikanische Republik • Central African Republic

Asien • Asia

Bangladesch • Bangladesh

China • China

Indien • India

Japan • Japan

Jordanien • Jordan

die Philippinen • Philippines

Südkorea • South Korea

Thailand • Thailand

die Türkei • Türkiye (Turkey)

Afghanistan • Afghanistan
Armenien • Armenia
Aserbaidschan • Azerbaijan
Bahrain • Bahrain
Bangladesch • Bangladesh
Bhutan • Bhutan
Brunei • Brunei
China • China
Georgien • Georgia
Indien • India
Indonesien • Indonesia
der Irak • Iraq
der Iran • Iran
Israel • Israel
Japan • Japan

der Jemen • Yemen
Jordanien • Jordan
Kambodscha • Cambodia
Kasachstan • Kazakhstan
Katar • Qatar
Kirgisistan • Kyrgyzstan
Kuwait • Kuwait
Laos • Laos
der Libanon • Lebanon
Malaysia • Malaysia
die Malediven • Maldives
die Mongolei • Mongolia
Myanmar (Birma)
Myanmar (Burma)
Nepal • Nepal

Nordkorea • North Korea
Oman • Oman
Pakistan • Pakistan
die Philippinen • Philippines
Saudi-Arabien • Saudi Arabia
Singapur • Singapore
Sri Lanka • Sri Lanka
Südkorea • South Korea
Syrien • Syria
Tadschikistan • Tajikistan
Thailand • Thailand
Timor-Leste • East Timor
die Türkei • Türkiye (Turkey)
Turkmenistan • Turkmenistan
Usbekistan • Uzbekistan

Ozeanien • Oceania

Indonesien • Indonesia

Saudi-Arabien • Saudi Arabia

Australien • Australia

Vietnam • Vietnam

Neuseeland • New Zealand

Vereinigte Arabische Emirate
United Arab Emirates

Vietnam • Vietnam

Australien • Australia

Fidschi • Fiji

Neuseeland • New Zealand

Papua-Neuguinea • Papua New Guinea

die Salomonen • Solomon Islands

Tasmanien • Tasmania

Vanuatu • Vanuatu

die Partikeln und Antonyme • particles and antonyms

zu, nach to	**von, aus** from	**für** for	**zu** toward
über over	**unter** under	**entlang** along	**über** across
vor in front of	**hinter** behind	**mit** with	**ohne** without
auf onto	**in** into	**vor** before	**nach** after
in in	**aus** out	**bis** by	**bis** until
über above	**unter** below	**früh** early	**spät** late
innerhalb inside	**außerhalb** outside	**jetzt** now	**später** later
hinauf up	**hinunter** down	**immer** always	**nie** never
an, bei at	**jenseits** beyond	**oft** often	**selten** rarely
durch through	**um** around	**gestern** yesterday	**morgen** tomorrow
auf on top of	**neben** beside	**erste** first	**letzte** last
zwischen between	**gegenüber** opposite	**jede** every	**etwas** some
nahe near	**weit** far	**etwa** about	**genau** exactly
hier here	**dort** there	**ein wenig** a little	**viel** a lot

groß large	**klein** small	**heiß** hot	**kalt** cold
breit wide	**schmal** narrow	**offen** open	**geschlossen** closed
groß tall	**kurz** short	**voll** full	**leer** empty
hoch high	**niedrig** low	**neu** new	**alt** old
dick thick	**dünn** thin	**hell** light	**dunkel** dark
leicht light	**schwer** heavy	**leicht** easy	**schwierig** difficult
hart hard	**weich** soft	**frei** free	**besetzt** occupied
nass wet	**trocken** dry	**stark** strong	**schwach** weak
gut good	**schlecht** bad	**dick** fat	**dünn** thin
schnell fast	**langsam** slow	**jung** young	**alt** old
richtig correct	**falsch** wrong	**besser** better	**schlechter** worse
sauber clean	**schmutzig** dirty	**schwarz** black	**weiß** white
schön beautiful	**hässlich** ugly	**interessant** interesting	**langweilig** boring
teuer expensive	**billig** cheap	**krank** sick	**gesund** well
leise quiet	**laut** noisy	**der Anfang** beginning	**das Ende** end

deutsch • english

praktische Redewendungen • useful phrases

wesentliche Redewendungen
essential phrases

Ja
Yes

Nein
No

Vielleicht
Maybe

Bitte
Please

Danke
Thank you

Bitte sehr
You're welcome

Entschuldigung
Excuse me

Es tut mir Leid
I'm sorry

Tu es nicht
Don't

Okay
OK

In Ordnung
That's fine

Das ist richtig
That's correct

Das ist falsch
That's wrong

Begrüßungen
greetings

Guten Tag
Hello

Auf Wiedersehen
Goodbye

Guten Morgen
Good morning

Guten Tag
Good afternoon

Guten Abend
Good evening

Gute Nacht
Good night

Wie geht es Ihnen?
How are you?

Ich heiße…
My name is…

Wie heißen Sie?
What is your name?

Wie heißt er / sie?
What is his / her name?

Darf ich… vorstellen
May I introduce…

Das ist…
This is…

Angenehm
Pleased to meet you

Bis später
See you later

Schilder • signs

Touristen-Information
Tourist information

Eingang
Entrance

Ausgang
Exit

Notausgang
Emergency exit

Drücken
Push

Lebensgefahr
Danger

Rauchen verboten
No smoking

Außer Betrieb
Out of order

Öffnungszeiten
Opening times

Eintritt frei
Free admission

Reduziert
Reduced

Ausverkauf
Sale

Rollstuhlzugang
Wheelchair access

Hilfe • help

Können Sie mir helfen?
Can you help me?

Ich verstehe nicht
I don't understand

Ich weiß nicht
I don't know

Sprechen Sie Englisch?
Do you speak English?

Ich spreche Englisch
I speak English

Sprechen Sie bitte langsamer
Please speak more slowly

Schreiben Sie es bitte für mich auf
Please write it down for me

Ich bin taub
I am deaf

Ich bin blind
I am blind

Ich habe… verloren
I have lost…

Richtungsangaben
directions

Ich habe mich verlaufen
I am lost

Wo ist der / die / das… ?
Where is the… ?

Wo ist der / die /das nächste/r… ?
Where is the nearest…?

Wo sind die Toiletten?
Where is the restroom?

Wie komme ich nach… ?
How do I get to… ?

Nach rechts
To the right

Nach links
To the left

Geradeaus
Straight ahead

Wie weit ist… ?
How far is… ?

die Verkehrsschilder
road signs

Langsam fahren
Slow down

Achtung
Caution

Keine Zufahrt
Do not enter

Umleitung
Detour

Rechts fahren
Keep right

Autobahn
Freeway

Parkverbot
No parking

Sackgasse
Dead end

Einbahnstraße
One-way street

Vorfahrt gewähren
Yield

Anlieger frei
Residents only

Baustelle
Roadwork

Gefährliche Kurve
Dangerous curve

Unterkunft
accommodations

Ich habe ein Zimmer reserviert
I have a reservation

Wo ist das Esszimmer?
Where is the dining room?

Wann gibt es Frühstück?
What time is breakfast?

Ich bin um… Uhr wieder da
I'll be back at… o'clock

Ich reise morgen ab
I'm leaving tomorrow

Essen und Trinken
Eating and drinking

Zum Wohl!
Cheers!

Es ist köstlich / scheußlich
It's delicious / awful

Ich trinke / rauche nicht
I don't drink / smoke

Ich esse kein Fleisch
I don't eat meat

Nichts mehr, danke
No more for me, thank you

Könnte ich noch etwas mehr haben?
May I have some more?

Wir möchten bitte zahlen
May we have the check?

Ich hätte gerne eine Quittung
Can I have a receipt?

der Raucherbereich
Smoking area

die Gesundheit
Health

Mir ist schlecht
I feel sick

Ich fühle mich nicht wohl
I don't feel well

Wird er / sie sich wieder erholen?
Will he / she be all right?

Es tut hier weh
It hurts here

Ich habe Fieber
I have a fever

Ich bin im… Monat schwanger
I'm… months pregnant

Ich brauche ein Rezept für…
I need a prescription for…

Ich nehme normalerweise…
I normally take…

Ich bin allergisch gegen…
I'm allergic to…

Deutsches register • German index

deutsch

deutsch

deutsch

Farbton m 41
Farbtopf m 83
Farn m 86
Fasan m 119, 293
Faser f 127
Fassungsvermögen n 311
Faust f 15, 237
Februar m 306
Fechten n 249
Feder f 163, 293
Federball m 231
Federmäppchen n 163
Federwaage f 166
fegen 77
Fehler m 230
Fehlgeburt f 52
Feier f 140
Feiern f 27
Feige f 129
Feijoa f 128
Feile f 81
feine Nebel m 287
Feinkost f 107, 142
Feinkostgeschäft f 115
Feld n 182, 272
Feldauslinie f 221
Feldfrucht f 183
Feldfrüchte f 184
Feldhockey n 224
Felge f 206
Felgenbremse f 206
Felsen m 284
Fenchel m 122, 133
Fenchelsamen m 133
Feng Shui n 55
Fenster n 58, 177, 186, 197, 210
Fensterladen m 58
Ferkel n 185
Fernbedienung f 268
Fernglas n 281
fernsehen 269
Fernsehserie f 178
Fernsehstudio n 178
Ferse f 13, 15
Fertiggerichte n 107
Fesseln n 237
fest 124
Feste n 27
feste Honig m 134
festlichen Kuchen m 141
festmachen 217
Festnahme f 94
Fett n 119
fettarme Sahne f 137
fettfrei 137
fettig 39, 41
Fettpflanze f 87
feucht 286
Feuchtigkeitscreme f 41
Feuchttuch n 74
Feueranzünder m 266
feuerfest 69
Feuerlöscher m 95
Feuermelder m 95
Feuerstein m 288
Feuertreppe f 95
Feuerwache f 95

Feuerwehr f 95
Feuerwehrleute n 95
Feuerwehrmann m / Feuerwehrfrau f 189
Feuerzeug n 112
Fidschi 319
Fieber n 44
Figur f 260
Filet n 119, 121
filetiert 121
Film m 255, 271
Filoteig m 140
Filter m 270
Filterkaffee m 148
Filterpapier n 167
Finanzberater m / Finanzberaterin f 97
Fingerabdruck m 94
Fingerhut m 276, 297
Fingernagel m 15
Finnland 316
Finsternis f 280
Firma f 175
Fisch m 107, 120
Fische m 294
Fischer m / Fischerin f 188
Fischerboot n 217
Fischereihafen m 217
Fischfangarten f 245
Fischgeschäft n 114
Fischkorb m 245
Fischzucht f 183
Fitness f 250
Fitnesscenter n 250
Fitnessgerät n 250
Fitnessraum m 101
Flachbildfernseher m 269
flache Ende n 239
Fläche f 165, 310
Flachholzbohrer m 80
Flachrennen n 243
Flachs m 184
Flachzange f 80
Fladenbrot n 139
Flagge f 232
Flamingo m 292
Flasche f 61, 135, 311
Flaschenöffner m 68, 150
Flaschenwasser n 144
Flauschdecke f 74
Fledermaus f 290
Fleisch m 118, 124
Fleisch und Geflügel n 107
Fleischerhaken m 118
Fleischklopfer m 68
Fleischklöße m 158
Fleischsorten f 119
Fleischspieß m 155
Flicken m 207
Fliege f 36, 244, 295
fliegen 211
Fliegenangeln m 245
Fließhecklimousine f 199
Flipchart m 174
Florentiner f 141
Florett n 249

Florist m / Floristin f 188
Flosse f 290
Flugbegleiter m / Flugbegleiterin f 190, 210
Flügel m 60, 119, 293
Fluggastbrücke f 212
Flughafen m 212
Fluginformationsanzeige f 213
Flugnummer f 212
Flugverbindung f 212
Flugzeug n 210
Flugzeugträger m 215
Fluss m 284
flüssige Honig m 134
Flüssigkeitsmaß n 311
Flüssigwaschmittel n 77
Flussmündung f 285
Fock f 240
Fohlen n 185
Föhn m 38
föhnen 38
Folk m 259
Follikel m 20
Football m 220
Footballspieler m / Footballspielerin f 220
Forelle f 120
formell 34
Formen f 164
Formschnitt m 87
Forschung f 169
Fortpflanzung f 20
Fortpflanzungsorgane n 20
Fortpflanzungssystem n 19
Foto n 271
Fotoalbum n 271
Fotoapparattypen m 270
Fotofinish n 234
Fotograf m / Fotografin f 191
Fotografie f 270
fotografieren 271
Fotorahmen m 271
Fötus m 52
Foul n 226
Foullinie f 229
Foyer n 255
Fracht f 216
Frachtraum m 215
Frachtschiff n 215
Frage f 163
fragen 163
Fraktur f 46
Frankreich 316
französischen Bohnen f 131
französische Senf m 135
Französisch-Guayana 315
Frau f 12, 13, 23
Fräulein n 23
Freesie f 110
freigesprochen 181
frei 321

Freistoß m 222
Freitag m 306
Freiwurflinie f 226
Freizeit f 254
Freizeitkleidung f 33
Fremdenführer m / Fremdenführerin f 260
Frequenz f 179
Freund m / Freundin f 24
Fries m 301
frisch 121, 127, 130
frische Fleisch n 142
Frischkäse m 136
Friseur m / Friseurin f 38
Friseur / Stylist m Friseurin / Stylistin f 188
Frisierartikel m 38
Frisiersalon m 115
Frisiertisch m 71
Frisuren f 39
frittiert 159
Frontsänger m / Frontsängerin f 258
Frosch m 294
Frost m 287
Frostschutzmittel m 199
fruchtbar 20
Fruchtfleisch m 127, 129
Fruchtgummi m 113
Fruchtjoghurt m 157
Fruchtmark n 127
Fruchtsaft m 144
Fruchtwasser n 52
früh 305, 320
Frühkartoffel f 124
Frühkohl m 123
Frühling m 307
Frühlingszwiebel f 125
Frühstück n 64, 156
Frühstücksbuffet n 156
Frühstücksspeck m 157
Frühstückstablett n 101
Frühstückstisch m 156
Fuchs m 290
Fuchsschwanz m 81
Fugenkitt m 83
Fühler m 295
Führerstand m 208
Führung f 260
füllen 76
Füller m 163
Füllung f 140, 155
fünf 308
Fünfeck n 164
fünfhundert 308
fünfter 309
fünfundfünfzigtausend-fünfhundert 309
fünfzehn 308
fünfzehnter 309
fünfzig 308
fünfzigster 309
fünfzigtausend 309
Funkantenne f 214
für 320
Furche f 183
Fürstentum n 315
Fuß m 12, 15, 310
Fußabtreter m 59

Fußball m 222
Fußballdress m 31
Fußballfeld n 222
Fußballschuh m 223
Fußballspieler m / Fußballspielerin f 222
Fußboden m 62, 71
Fußende n 71
Fußgängerüberweg m 195
Fußgängerzone f 299
Fußpedal n 257
Fußschlaufe f 241
Fußsohle f 15
Fußweg m 262
Futter n 32
Futteral n 51, 269
füttern 183

G

Gabel f 65, 207
Gabun 317
Gagat m 288
gähnen 25
Galapagos-Inseln f 315
Galaxie f 280
Gallone f 311
Galopp m 243
galvanisiert 79
Gambia 317
Gang m 106, 168, 210, 254
Gänge m 153, 206
Gans f 119, 293
Gänseblümchen n 297
Gänseei n 137
ganz 129, 132
Garage f 58
Gardine f 63
Garn n 276
Garten m 84
Gartenornamente n 84
Gartenstöcke m 89
Gartenanlagen 262
Gartenarbeit f 90
Gartencenter n 115
Gartengeräte n 88
Gartenhandschuhe m 89
Gartenkorb m 88
Gartenkürbis m 124
Gartenpflanzen f 86
Gartensauerampfer m 123
Gartenschere f 89
Gartenschlauch m 89
Gartentypen m 84
Gärtner m / Gärtnerin f 188
Gasbrenner m 61, 267
Gashebel m 204
Gaspedal n 200
Gasse f 298
Gast m / Gästin f 64, 100, 152
Gastgeber m / Gastgeberin f 64
Gatenummer f 213

deutsch

deutsch

deutsch

deutsch

Mutter *f* 22, 80
Muttermal *n* 14
Muttermilchersatz *m* 52
Mütze *f* 36
Myanmar (Birma) 318

N

Naanbrot *n* 139
Nabe *f* 206
Nabel *m* 12
Nabelschnur *f* 52
Nachbar *m* / Nachbarin *f* 24
Nachmittag *m* 305
Nachrichten *f* 178
Nachrichtensprecher *m* / Nachrichten-sprecherin *f* 179, 191
nachschneiden 39
Nachspeisen *f* 140
nächste Woche 307
nach 320
Nacht *f* 305
Nachtfalter *m* 295
Nachthemd *n* 31, 35
Nachtisch *m* 153
Nachttisch *m* 70
Nachttischlampe *f* 70
Nacken *m* 13
Nacktschnecke *f* 295
Nadel *f* 109, 276
Nadelbaum *m* 86
Nadelkissen *n* 276
Nagel *m* 80
Nagelfeile *f* 41
Nagelhaut *f* 15
Nagelknipser *m* 41
Nagelkopf *m* 80
Nagellack *m* 41
Nagellackentferner *m* 41
Nagelschere *f* 41
nahe 320
nähen 277
Nähfuß *m* 276
Nähkorb *m* 276
Nähmaschine *f* 276
Nahrungsergänzungs-mittel *n* 55
Nahrungsmittel *f* 118
Nahrungsmittel in Flaschen *f* 134
Naht *f* 34, 52
Namensbändchen *n* 53
Namibia 317
Nascherei *f* 113
Nase *f* 14
Nasenbluten *n* 44
Nasenklemme *f* 238
Nasenloch *n* 14
Nasenriemen *m* 242
Nashorn *n* 291
nass 286, 321
Nation *f* 315
Nationalpark *m* 261
Naturfaser *f* 31
Naturheilkunde *f* 55

Naturreis *m* 130
Naturwissenschaft *f* 162, 166
Navi *n* 201
navigieren 240
Nebelfleck *m* 280
neben 320
Nebengebäude *n* 182
Nebenhöhle *f* 19
Nebenwirkungen *f* 109
Neffe *m* 23
Negativ *n* 271
Nelke *f* 110
Nenner *m* 165
Nennwert *m* 97
Nepal 318
Neptun *m* 280
Nerv *m* 19, 50
Nervensystem *n* 19
nervös 25
Nessel *f* 297
Netz *n* 217, 226, 227, 230, 231
Netzhaut *f* 51
Netzwerk *n* 176
Neubelag *m* 187
Neugeborene *n* 53
Neujahr *n* 27
neu 321
Neumond *m* 280
neun 308
neunhundert 308
neunter 309
neunzehn 308
neunzehnhundert 307
neunzehnhunderteins 307
neunzehnhundertzehn 307
neunzehnter 309
neunzig 308
neunzigster 309
Neurologie *f* 49
Neuseeland 319
neutral 60
neutrale Zone *f* 224
Nicaragua 314
Nichte *f* 23
nicht falten 98
Nickel *n* 289
nie 320
Niederlande 316
niedrig 321
Niere *f* 18, 119
Niesen *m* 44
Niger 317
Nigeria 317
Nilpferd *n* 291
Nockenriemen *m* 203
Norden *m* 312
Nordirland 316
Nordmazedonien 316
Nordkorea 318
nördliche Halbkugel *f* 283
nördliche Polarkreis *m* 283
Nordpol *m* 283
Nordpolarmeer *n* 312

Nordsee *f* 312
Nord- und Mittelamerika 314
normal 39
Norwegen 316
Notation *f* 256
Notaufnahme *f* 48
Notbremse *f* 209
Notdienste *m* 94
Note *f* 163, 256
Noten *f* 255, 256
Notfall *m* 46
Notizblock *m* 173
Notizbuch *n* 172
Notizen *f* 191
Notizen machen 163
Notrufsäule *f* 195
November *m* 306
Nudelholz *n* 69
Nudeln *f* 158
Nugat *m* 113
null 230, 308
Nummernschild *n* 198
Nüsse *f* 129, 151
Nylon *n* 277

O

oben 98
Oberarmknochen *m* 17
obere Kuchenteil *m* 141
Oberfräse *f* 78
Oberschenkel *m* 12
Oberschenkelknochen *m* 17
Oberschenkel muskeln *m* 16
Objektivlinse *f* 167
Objektträger *n* 167
Oboe *f* 257
Obsidian *m* 288
Obst *n* 107, 126, 128, 157
Obstanbau *m* 183
Obstkorb *m* 126
Obstkuchenform *f* 69
Obstsaft *m* 156
Obsttortelett *n* 140
Obus *m* 196
offen 321
offene Gedränge *n* 221
oft 320
ohne 320
ohne Bedienung 152
ohne Eis 151
ohne Kohlensäure 144
Ohr *n* 14
Öhr *n* 244
Ohrring *m* 36
Okra *f* 122
Oktober *m* 306
Okular *n* 167, 269
Öl *n* 142, 199
Oldtimer *m* 199
Öle *n* 134
Ölfarbe *f* 274
Oliven *f* 151
Olivenöl *n* 134
Ölmessstab *m* 202

Ölsumpf *m* 204
Öltanker *m* 215
Oman 318
Omelett *n* 158
Onkel *m* 22
Onkologie *f* 49
online 177
Online-Banking *n* 97
Onyx *m* 289
Opal *m* 288
Oper *f* 255
Operation *f* 48
Operationssaal *m* 48
OP-Maske *f* 109
Optiker *m* / Optikerin *f* 51, 189
orange 274
Orange *f* 126
Orangenlimonade *f* 144
Orangenmarmelade *f* 134, 156
Orangensaft *m* 149
Orchester *n* 254, 256
Orchestergraben *m* 254
Orchidee *f* 111
Ordner *m* 177
Oregano *m* 133
Origami *n* 275
Orthopädie *f* 49
Öse *f* 37, 276
Osten *m* 312
Osteopathie *f* 54
Osterglocke *f* 111
Ostern *n* 27
Österreich 316
Ostsee *f* 313
Otter *m* 290
Ouvertüre *f* 256
Oval *n* 164
Overall *m* 83
Ozean *m* 282
Ozeandampfer *m* 214
Ozeanien *n* 319
Ozonschicht *f* 286

P

Paar *n* 24
Päckchen Zigaretten *n* 112
Paddel *n* 241
Paket *n* 99
Pakistan 318
Palette *f* 186, 274
Palme *f* 86, 296
Palmherzen *n* 122
Pak-Choi *m* 123
Panama 314
Pandabär *m* 291
Paniermehl *n* 139
Panne *f* 203
Panzer *m* 293
Papagei *m* 293
Papaya *f* 128
Papierfach *m* 172
Papierklammer *f* 173
Papierkorb *m* 172, 177

Papierserviette *f* 154
Papiertaschentuch *n* 108
Papiertaschen-tuchschachtel *f* 70
Pappe *f* 275
Pappel *f* 296
Pappmaschee *n* 275
Paprika *f* 124
Paprika *m* 132
Papua-Neuguinea 319
Par *n* 233
Paracycling *n* 206
Paraguay 315
parallel 165
Parallelogramm *n* 164
Paranuss *f* 129
Parfum *n* 41
Parfümerie *f* 105
Park *m* 261, 262
parken 195
Parkett *n* 254
Parkplatz *m* 298
Parkuhr *f* 195
Parmesan *m* 142
Partner *m* / Partnerin *f* 23
Pass *m* 213, 226
Passagierhafen *m* 216
Passagier *m* / Passagierin *f* 216
Passah *n* 27
Passionsfrucht *f* 128
Passkontrolle *f* 213
Passwort *n* 99, 177
Pastellstifte *n* 274
Pastete *f* 142, 156, 158
Pasteten *f* 143
pasteurisiert 137
Pastinake *f* 125
Patchwork *n* 277
Pathologie *f* 49
Patient *m* / Patientin *f* 45
Patientenakte *f* 48
Patientenstuhl *m* 50
Patientzimmer *n* 48
Patiogarten *m* 84
Pause *f* 254, 268
Pausenzeichen *n* 256
Pazifische Ozean *m* 312
Pecannuss *f* 129
Pedal *n* 206
Pediküre *f* 41
Peeling machen 41
peinlich berührt 25
Pelikan *m* 292
Pendler *m* / Pendlerin *f* 208
Penis *m* 21
Peperoni *f* 124, 143
Pepperoniwurst *f* 142
per Luftpost 98
Pergola *f* 84
Periduralanästhesie *f* 52
Periodikum *n* 168
Perlenkette *f* 36
Personal *n* 175
Personalabteilung *f* 175

deutsch

Q

R

deutsch

deutsch

deutsch

Englisches register · English index

english

english

english

english

english

english

english

english

english

Dank • acknowledgments

DORLING KINDERSLEY would like to thank senior picture researchers Deepak Negi and Sumedha Chopra, assistant picture researcher Samrajkumar S, and proofreaders Diana Vowles, Heather Wilcox, Catharine Robertson, Chuck Hutchinson, Sam Cooke, Ruth Raisenberger.

The publisher would like to thank the following for their kind permission to reproduce their photographs:

Abbreviations key: (a-above; b-below/bottom; c-centre; f-far; l-left; r-right; t-top)

123RF.com: Aicandy 188fbr; Andriy Popov 34tl; Arthousestudio 265fcla; Astemmer 208c; avigatorphotographer 216bl; Brad Wynnyk 172bc; Cladanifer 25fclb; Daniel Ernst 179tc; Hongqi Zhang 24ca; 175cr; Ingvar Bjork 60c; Koonsiri 5cla, 92-93; Kobby Dagan 259c; Kritchanut 25ftl; Lightfieldstudios 35tr; Liubov Vadimovna (Luba) Nel 39cla; Ljupco Smokovski 75crb; Olegtroino 176fcl; Olga Popova 33c; Peopleimages12 14tl; Robert Churchill 94c; Roman Gorielov 33bc; Ruslan Kudrin 35bs, 35br; Subbotina 39cra; Sutichak Yachaingkham 39c; Tarzhanova 37tc; Vitaly Valua 39tl; Wilawan Khasawong 75cb; **Action Plus:** 224bc; **Alamy Images:** 154t; Alex Segre 150t; A.T. Willett 287bcl; Alex Segre 105ca; Andrew Barker 195fcl; Ambrophoto 24cra; Art Directors & TRIP / Helene Rogers 115bl; artpartner-images.com 181tc; Ben Queenborough 231crb; Boaz Rottem 209cr; Cultura RM 33r; Bernhard Classen 97bc; David Burton 177clb; Carl DeAbreu 264t; Cavan Images 247fcla; Chicken Strip 112fbr; Chris George 271bc; Destina 176crb; Dorling Kindersley Ltd 266t; Dorling Kindersley Ltd / Vanessa Davies 74ftr; dpa picture alliance 112t; Doug Houghton 107fbr; Doug Houghton 213fclb; Gianni Muratore 195ftr; Henri Martin 182ca; Hideo Kurihara 212t; Hugh Threlfall 35tl; Hugh Threlfall 268bl; Ian Townsley 260cr; Ifeelstock 96cr; Incamerastock / ICP-UK 112fcrb; Issac Rose 54fcr; Jeff Gilbert 213fcrb; keith morris 178c; Majestic Media Ltd / Duncan Thomas 221br, 223crb; Nikreates 268crb; Nathaniel Noir 114bl; MBI 175tl; Michael Foyle 184bl; Olaf Doering 213br; Oleksiy Maksymenko 105tc; Paul Maguire 186t; Pally 294bl; Paul Weston 168br; Prisma Bildagentur AG 264b; Simone Hogan 241ca; Radharc Images 179tr; Ruslan Kudrin 176tl; Sasa Huzjak 258t; Sergey Kravchenko 37ca; Sergio Azenha 270bc; Stock Connection 287bcr; tarczas 35cr; Ton Koene 213cra; Transport Infrastructures / Paul White 216t; Trekandshoot 194c; Robert Stainforth 98tl; vitaly suprun 176cl; Wavebreak Media Ltd 39cl, 174b, 175tr; Wavebreakmedia Ltd IP-200810 234fcl; **Allsport/Getty Images:** 238cl; **Alvey and Towers:** 241cr; **Anthony Blake Photo Library:** Charlie Stebbings 114cl; **Arcaid:** John Edward Linden 301bl; Martine Hamilton Knight, Architects: Richard Bryant 301br; **Argos:** Vicki Couchman 148cr; **Bosch:** 76tc, 76tcl; **Camera Press:** 38tr, 257cr; Barry J. Holmes 148tr; Jane Hanger 159cr; Mary Germanou 259bc; **Corbis:** 78b; Anna Clopet 247tr; Ariel Skelley / Blend Images 52l; Bettmann 181tr; Bo Zauders 156t; Bob Winsett 247cbl; Brian Bailey 247br; Craig Aurness 215bl; David H.Wells 249cbr; Dennis Marsico 274bl; Dimitri Lundt 236bc; Duomo 211tl; Gail Mooney 277ctcr; George Lepp 248c; Gerald Nowak 239b; Gunter Marx 248cr; Jack Hollingsworth 231bl; James L. Amos 247bl, 191ctr, 220bcr; Jan Butchofsky 277cbr; Johnathan Blair 243cr; Jose F. Poblete 191br; Jose Luis Pelaez.Inc 153tc; Karl Weatherly 220bl, 247tcr; Kelly Mooney Photography 259tl; Kevin Fleming 249bc; Kevin R. Morris 105tr, 243tl, 243tc; Kim Sayer 249tcr; Lynn Goldsmith 258t; Macduff Everton 231bcl; Mark Gibson 249bl; Mark L. Stephenson 249tcl; Mike King 247cbl; Pablo Corral 115bc; 249ctcl; Paul J. Sutton 224c, 224br; Phil Schermeister 227b, 248tr; R. W Jones 309c; Rick Doyle 241ctr; Robert Holmes 97br, 277ctc; Roger Ressmeyer 169tr; Russ Schleipman 229; The Purcell Team 211ctr; Wally McNamee 220br, 220bcl, 224bl; Wavebreak Media Ltd 191bl; Yann Arhus-Bertrand 249tl; **Depositphotos Inc:** Londondepositl 262br; **Demetrio Carrasco / Dorling Kindersley (c) Herge / Les Editions Casterman:** 112ccl; **Dixons:** 270cl, 270cr, 270bl, 270bcl, 270bcr, 270ccr; **Dorling Kindersley:** Banbury Museum 35c; Five Napkin Burger 152t; **Dreamstime.com:** Aleksandr Yakimov 26tc; Alexander Mirt 246t; Alexander Podshivalov 179cr, 191crb; Andersastock 176tc; Andrey Popov 191bl, 55fcra, 190ftr; Anna Eremeeva 82crb; Anna Griessel 25cra; Anna Tolipova 277fcr; Anatoliy Samara 31llc; Anton Matveev 2bl; Arenaphotouk 209tr; Arne9001 190tl; Arnel Manalang 195fbr; Artzzz 201b; Avagvanlevon 269cla; Birgit Reitz Hofmann 144ca; Bonandbon Dw 154bc; Bright 199tr; Chaoss 26c; Chernetskaya 60tc, 240tc; Christian Offenberg 99ftl; Colicaranica 210t; Dimaberkut 240cr; Dmitry Markov 5fcla, 56-57; Dvmsimages 196bc; Dzmitry Rishchuk 152t; Eakkachai Halang 101ftl; Ekostsov 198fbl; Elena Masiutkina 105fcrb; Ellesi 197br; Evgeny Karandaev 145br; Exiledphoto 1ca (Golf Balls), 5fcrb, 218-219; Gradts 76ftr; Grigor Ivanov 82bl; Gutaper 176br; Hasan Can Balcioglu 261c; Hxdbzxy 5cra, 102-103; Hywit Dimyadi 184clb; Iakov Filimonov 115tr; Ivan Danik 4fcrb, 146-147; Ivan Kasarov 201tr; Ilfede 215clb; Imricco 269tc; Isselee 292fcrb; Jamesteohart 290br; Jiri Hera 269c; Joe Sohm 259tr; Johncox1958 243ca; Kaspars Grinvalds 177crb; Kenny Tong 5tr, 10-11; Kineticimagery 5bl, 302-303; Konstantinos Moraitis 199tl; Lah 249crb; Larry Gevert 1ca (peppers), 5fcra, 116-117; Leonid Andronov 208clb; Leo Daphne 145cb; Leen Beunens 299tl; Lulia Diakova 15tr; Natalia Bratslavsky 101cl; Natvishenka 269tr; Njnightsky 70bl; Nuwan Fernandez 177tr; Maciej Bledowski 95c, 226br; Madrugadaverde 298; Maksim Toome 199ftr; Mariapixel 215tr; Matthias Ziegler 191ftl; Mholod 4fcra, 42-43; Micha Rojek 177tc; Milf32 197bl; Mike_Kiev 199cr; Mikeal Kead 2crca; Mohamed Osama 75fbl; Monkey Business Images 26clb, 100t, 169tl; Monticello 145ftl; Olena Turovtseva 216br; Olga Plugatar 271clb (X2), 271fcla; Pac 26clb; Paolo De Santis 261ftr; Patricia Hofmeester

233cra; Paul Michael Hughes 162tr; Petro Perutskyy 199bl; Phanuwatn 269cl; Photka 213fcra; Ponomarencko 152cr; Roza 300tc; Ryzhov Sergey 138t; Schamie 176cl; Seanlockephotography 189clb; Sean Pavone 301tl; Shariff Che\' Sjors737 277cb; Serghei Starus 190bc; Sergey Galushko 77ftl; Sergey Tolmachyov 270br; Sereziy 48crb; Steafpong 97bl; Sutsaiy 66bl; Takcrane3 198t; Tatiana3337 1ca (multicolor), Theerasak Tammachuen 269cr; 5fclb, 160-161; Trak 25et; Tyler Olson 168crb; Vetkit 189fclb; Volodymyr Melnyk 231ca, 235fcrb; Wang Song 250br, 261cr; Wirestock 167tc; Zerboor 296tr; **Education Photos:** John Walmsley 26tl; **Getty Images:** 287tr; 94tr; Corbis Historical / Christopher Pillitz 169cr; George Doyle & Ciaran Griffin 22cr; David Leahy 162tl; DigitalVision / David Leahy 162cla; DigitalVision / We Are 227cra; Don Farrall / Digital Vision 176c; Ethan Miller 270bl; Inti St Clair 179bl; Jeff Bottari 236br; LightRocket / SOPA Images 227ftl; Sean Justice / Digital Vision 24br; The Image Bank / Michael Dunning 235cra; **Getty Images / iStock:** ake1150sb 154bl, AndyOman 304 (Digital Clock X3), Archideaphoto 268t, Babayev 76fcrb, Bluesky85 213tl, Bluestocking 268cb, Bonetta 66fbr, Svetlana Borisova 286cr, Bulgnn 112br, Hadzhi Hristo Chorbadzhi 260tl, DigitalVision Vectors / youngID 96cl, E+ / Adamkaz 206bl, E+ / Aldomurillo 189cra, E+ / AnVr 144bl, E+ / BraunS 231br, E+ / Dean Mitchell 55ftr, E+ / FG Trade 179ftl, E+ / Fly View Productions 96t, E+ / Ivan Pantic 206bc, E+ / Joel Carillet 215br, E+ / JohnnyGreig 104t, E+ / Jondpatton 196br, E+ / Kali9 186bl, 190clb, E+ / Lorado 115bc, E+ / Mbbirdy 66fclb, E+ / Pagadesign 97tr, E+ / Petko Ninov 198fbr, E+ / Satoshi-K 259crb, E+ / SDI Productions 55fbl, E+ / SolStock 221clb, E+ / South_agency 114br, E+ / Studiocasper 270tc, E+ / Sturti 186bc, E+ / Tashi-Delek 197ftr, E+ / Tempura 48clb, E+ / Tolgart 34br, FamVeld 246tr, Farakos 176cr, FG Trade 188fbl, Gannet77 96c, Grinvalds 99cr, Gumpanat 97cl, Kckate16 188bc, Kommercialize 208cb, Leedsn 241cra, Sompong Lekhawattana 97tl, LeventKonuk 76cr, Liz Leyden 115tc, LightFieldStudios 169cl, Andrii Lysenko 114tl, Karan Mathur 191cra, MicroStockHub 96clb, Mladn61 196cla, 196-197ca, Moumita Mondal 27fcr, Monkeybusinessimages 49crb, Yaman Mutart 105bl, Nojman 276t, OfirPeretz 195ftl, Prostock-Studio 5cb, 170-171, 188crb, RuslanDashinsky 83tl, Scaliger 208t, Kazuma Seki 188bl, Deepak Sethi 271ftr, SimonSkafar 1ca (Cornflowers), 5fbl, 119-119, Stockcreek Images 215bl, TACrafts 199cra, Teamtime 210b, The Image Bank / Ryan McVay 247cra, Tilo 69ftr, Toxitz 99cl, Alla Tsyganova 148tl, Tunatura 287tc, Universal Images Group / Andia 106t, Andik Tri Witanto 209cra, Chunyip Wong 5crb, 192-193, YakubovAlim 55crb, Zdenkam 23bl, Drazen Zigic 49ftr; **Hulsta:** 70t; **Ideal Standard Ltd:** 72r; **The Image Bank/Getty Images:** 58; **Impact Photos:** Eliza Armstrong 115cr; Philip Achache 246t; **The Interior Archive:** Simon Upton, Architect: Phillippe Starck; **iStockphoto.com:** asterix0597 163tl; EdStock 190br; RichLegg 26bc; **MP Visual. com:** Mark Swallow 202t; **NASA:** 280cr, 280ccl, 281tl; **P A Photos:** 181br; **Plain and Simple Kitchens:** 66t; **Red Consultancy:** Odeon cinemas 257br; **Redferns:** Nigel Crane 259c; **Rex Features:** 106br, 259tc, 259bl, 280b; Charles Ommanney 114tcr; J.F.F Whitehead 243cl; Scott Wiseman 287bl; **Science & Society Picture Library:** Science Museum 202b; **Science Photo Library:** IBM Research 190cla; NASA 281cr; **Shutterstock.com:** Africa Studio 198bl, Akkalak Aiempradit 26cla, BearFotos 245clb, Rawla Bercan 213fbl, Comeback Images 24bl, Odin Daniel 214bl, Diamant24 60fcrb, Early Spring 100br, Dmytro Falkowskyi 196-197cb, Giuseppe_R 4fbr, 252-253, Kaspars Grinvalds 1ca (Shirts), 5ftr, 28-29, 175clb, Ground Picture 26ftr, 100br, Hawkeeen 264b, HelloRF Zcool 168t, Joseph Hendrickson 59tl, Nigel Jarvis 214bc, Mkfilm 287br, New Africa 71tr, 75ftr, 77cra, Eline Oostingh 215cb, SeventyFour 232bl, Ilya Sviridenko 185br, Alla Tsyganova 114tl, zcw 77ca; **SuperStock:** Ingram Publishing 62; Juanma Aparicio / age fotostock 172t; **Sony:** 268bc; **Neil Sutherland:** 82tr, 90t, 118, 188ctr, 196tr, 299cl, 299bl; **Vauxhall:** 199cl, 200; **Colin Walton:** 99tcl, 401.

DK PICTURE LIBRARY:

Akhil Bahkshi; Patrick Baldwin; Geoff Brightling; British Museum; John Bulmer; Andrew Butler; Joe Cornish; Brian Cosgrove; Andy Crawford and Kit Hougton; Philip Dowell; Alistair Duncan; Gables; Bob Gathany; Norman Hollands; Kew Gardens; Peter James Kindersley; Vladimir Kozlik; Sam Lloyd; London Northern Bus Company Ltd; Tracy Morgan; David Murray and Jules Selmes; Musée Vivant du Cheval, France; Museum of Broadcast Communications; Museum of Natural History; NASA; National History Museum; Norfolk Rural Life Museum; Stephen Oliver; RNLI; Royal Ballet School; Guy Ryecart; Science Museum; Neil Setchfield; Ross Simms and the Winchcombe Folk Police Museum; Singapore Symphony Orchestra; Smart Museum of Art; Tony Souter; Erik Svensson and Jeppe Wikstrom; Sam Tree of Keygrove Marketing Ltd; Barrie Watts; Alan Williams; Jerry Young.

Additional photography by Colin Walton.

Colin Walton would like to thank:

A&A News, Uckfield; Abbey Music, Tunbridge Wells; Arena Mens Clothing, Tunbridge Wells; Burrells of Tunbridge Wells; Gary at Di Marco's; Jeremy's Home Store, Tunbridge Wells; Noakes of Tunbridge Wells; Ottakar's, Tunbridge Wells; Selby's of Uckfield; Sevenoaks Sound and Vision; Westfield, Royal Victoria Place, Tunbridge Wells.

All other images © Dorling Kindersley

deutsch • english